Beate Koller · Stefan Liewehr · Johann Reisinger | ARCHE NOAH Kochbuch der geretteten Obst- und Gemüsesorten

BEATE KOLLER · STEFAN LIEWEHR · JOHANN REISINGER

Arche Noah Kochbuch

der geretteten Obst- und Gemüsesorten

Brandstätter

Inhalt

Marktstand von Marion Filz, „Zum Grünen Baum“, am Wiener Kutschkermarkt.

Rote Gartenmelde im
ARCHE NOAH Schaugarten.

Rettet die Sorten – esst sie auf!

Wer kennt den Geschmack der Kerbelrübe, die von manchen als „Champagner“ unter den Wurzelgemüsen bezeichnet wird? Und wer konnte sich schon an leuchtend rotem Gartenmelden-Salat erfreuen?

So paradox es klingt: Gegessen zu werden ist *die* Überlebenschance für Nutzpflanzen, die vom Aussterben und Vergessenwerden bedroht sind. Pflanzen, die ihren Platz in unserer Welt durch die Standardisierung und Industrialisierung unseres Ernährungssystems fast verloren hätten. Viele von ihnen verbindet eine jahrtausendelange Geschichte mit unserer Kultur.

Von den unzähligen kultivierten Pflanzen, die es weltweit gibt, verwenden wir nur wenige fürs tägliche Essen. Vieles spricht dafür, diese Palette wieder zu erweitern: der Genuss einer natürlich gegebenen Fülle, die Anregungen für unsere kulinarische Kreativität, der Beitrag zur Erhaltung unserer Gesundheit durch vielseitige Ernährung, um nur einige Vorteile zu nennen.

Natürlicher Reichtum und Esskultur

Nahrungspflanzen sind Bestandteile unserer kulturellen Identität. Geschmackserfahrungen aus der Kindheit prägen unsere kulinarischen Vorlieben ein Leben lang und sind verknüpft mit Erinnerungen, Emotionen und Werten. Die Herkunft des Wortes „Kultur“ zeigt sehr schön, dass Kultur und Nutzpflanzenanbau untrennbar miteinander verbunden sind. Denn „Kultur“ leitet sich vom lateinischen „colere“ ab. Das bedeutet so viel wie wohnen, pflegen und den Acker bestellen. Mit all dem überlieferten Wissen um ihren Anbau und ihre Zubereitung sind Nutzpflanzen ein wichtiger Teil unserer Kultur. Dazu gehören traditionelle Feste ebenso wie regionale Namen für Pflanzen und die Gerätschaften, mit deren Hilfe man sie anbaut. Wenn Gemüse- und Obstsorten verschwinden, geht nicht nur ein Teil unserer Ernährungsgrundlage der Zukunft, sondern auch kultureller Reichtum verloren.

Wir möchten mit unserem Buch für ein Bewahren dieses Reichtums eintreten. In Vergessenheit geratene Kulturpflanzen werden wohl nur dann ihren Weg zurück in die Küchen finden, wenn sie wieder Teil der Alltagsküche werden. Bei vielen dieser Pflanzen ist jedoch das Wissen über ihre Verwendungsmöglichkeiten in Vergessenheit geraten oder muss an heutige Ernährungsgewohnheiten angepasst werden.

An diesem Punkt setzen wir an: Wir zeigen, wie traditionelle Gemüse- und Obstsorten die moderne Küche bereichern können. Unser Buch möchte Ihnen Lust machen, solche fast vergessenen Spezialitäten in Ihr Kochrepertoire aufzunehmen. Lassen Sie sich geschmorte Ochsenherzen und gefüllten Scheibengurken schmecken! Dann brauchen Sie nur noch Ihre Freunde und Familien zu begeistern und dafür zu sorgen, dass die Quelle des Genusses möglichst in Ihrer Nähe weitersprudelt. Zum Beispiel, indem Sie bei einem Biobetrieb in Ihrer Umgebung regelmäßig Raritäten kaufen.

Oder Sie gehen selbst unter die GärtnerInnen – das ist einfacher als gedacht und macht obendrein viel Spaß. Probieren Sie aus, was in Ihrem (Nachbarschafts-)Garten, im Blumentopf oder auf dem Balkon vor Ihrem Büro gedeiht. Und schon haben Sie etwas mehr biologische, kulturelle und geschmackliche Vielfalt in Ihr Leben gebracht!

Einfach und erprobt

Die Rezepte in diesem Buch haben wir bewusst einfach gehalten. Viele Gerichte können ohne hohen Zeitaufwand oder lange Zutatenlisten zubereitet werden und die meisten verwendeten Zutaten sind in jeder Küche vorrätig. Gemüse-Raritäten müssen keine langwierige Prozedur durchlaufen, um dann an ausgewählten Festtagen zeremoniell in erlauchter Runde verzehrt zu werden – wie einst Bohumil Hrabals reichlich mit Kräutern gewürztes und mit Eiern-in-Truthähnen-in-Antilopen gefülltes Kamel.[1]

Natürlich ist es von Zeit zu Zeit sehr lustvoll, komplexere Gerichte zuzubereiten und an einer aufwendig gestalteten Tafel zu servieren. Doch unsere Rezepte sollen vor allem eins: alltagstauglich sein und zu hemmungslosem Ausprobieren und Variieren ermutigen. Deshalb bieten wir bei vielen Rezepten Hinweise auf alternativ verwendbare Zutaten.

Dem Grundprinzip der Einfachheit haben wir uns auch verpflichtet, als wir die Gerichte für dieses Buch durchprobiert haben. Im Pavillon des ARCHE NOAH Schaugartens wurde eine kleine Gartenküche eingerichtet. Bis auf jene Gerichte, die einen Ofen benötigen, wurden alle auf einer einfachen Kochplatte zubereitet. Kochen im Garten war unsere Devise, mit wenigen Hilfsmitteln.

In den Hauptrollen: Obst und Gemüse

Die meisten Speisen in diesem Buch sind vegetarisch. Wenn Fleisch oder Fisch gekocht wurde, stammte es aus ausgewählten Quellen (bei den Küchentipps im Anhang finden sich Hinweise zu Bezugsquellen). Dabei haben unsere Rezepte stets einen Hauptdarsteller: Eine Gemüse- oder Obstsorte steht klar im Mittelpunkt. Es wird wenig vermischt oder gemeinsam gekocht, mit Salz wird gespart und die Garzeiten sind möglichst kurz gehalten. So ist sichergestellt, dass Geschmack und Cha-

Johann Reisinger kocht in der Gartenküche im ARCHE NOAH Schaugarten.

Oben: Oststeirer Kraut.
Unten: Ein Sorten-„Findling" im Schaugarten: die Kirsche „Noah".

rakter der jeweiligen Obst- oder Gemüsesorte möglichst unverfälscht zur Geltung kommen. Auf diese Weise können sie bewusst wahrgenommen und genossen werden.

Das funktioniert natürlich nur dann, wenn die Grundprodukte hohe Qualität aufweisen. Aus unserer Sicht heißt das: Obst und Gemüse aus biologischem oder biologisch-dynamischem Anbau, das regional und saisonal produziert, reif geerntet und möglichst frisch verarbeitet wurde. Für die Rezepte haben wir daher nur frisches Obst, Gemüse, Kräuter und andere Produkte von ausgewählten ProduzentInnen oder direkt aus dem ARCHE NOAH Schaugarten verwendet. Da liegt es nahe, dass auch die Zubereitung solch feiner Lebensmittel schonend und rasch erfolgt.

Bezugsquellen und Anbautipps

Zugegeben – der Erwerb mancher der vorgestellten Obst- und Gemüsesorten ähnelt derzeit noch eher dem Vorgang des Jagens und Sammelns als einfachem Einkaufen. Einige Sorten sind beinahe ausgestorben und werden kaum kultiviert. Andere, wie zum Beispiel Gartenmelde, lassen sich nicht gut lagern und sind auch auf Bauernmärkten nur selten erhältlich. Deswegen zeigen unsere auf Balkonverhältnisse zugeschnittenen Anbautipps, wie man auch in einem städtischen Umfeld erntefrische Obst- und Gemüseraritäten auf den Tisch bekommen kann. Wir haben bewusst nur Pflanzen ausgewählt, die sich auch auf dem Balkon unkompliziert anbauen lassen.

In den letzten Jahren nimmt erfreulicherweise das Angebot an seltenen Obst- und Gemüsesorten immer mehr zu. Vor allem auf Bauernmärkten und im Ab-Hof-Verkauf, zunehmend aber auch im Lebensmittelhandel, finden sich wieder bereits in Vergessenheit geratene Spezialitäten. Diese Entwicklung gilt es durch unser Einkaufsverhalten zu bestätigen und zu fördern! Indem wir ProduzentInnen und VermarkterInnen in unserer Umgebung suchen, regelmäßig dort einkaufen und die Zuständigen gezielt ansprechen. So können wir mit wenig Aufwand dazu beitragen, das Angebot an seltenen Obst- und Gemüsesorten wieder zu erweitern. Ausführliche Informationen zu von uns empfohlenen Bezugsquellen finden Sie im Anhang.

Sei es, dass Sie auf dem Markt einen Produzenten finden, der Lust hat, etwas Neues auszuprobieren. Sei es, dass Sie fast vergessene Nutzpflanzen in Ihrem Garten oder auf Ihrem Balkon Wurzeln schlagen lassen: Jeder noch so kleine gewonnene Lebensraum ist für die Wiederbelebung gefährdeter Kulturpflanzen ein Gewinn und ein Schritt in Richtung mehr lebendige Vielfalt.

Der Gesundheitswert von Obst- und Gemüseraritäten

Wir werden oft gefragt, ob seltene Gemüse- und Obstarten gesünder sind als jene, die wir an jeder Ecke kaufen können. Diese Frage ist komplexer, als sie für Laien scheinen mag. Trotzdem gibt es einfache Antworten darauf.

So zeigen Untersuchungen, dass manche alte Sorten über Inhaltsstoffe verfügen, die moderneren Züchtungen fehlen. Beispielsweise gehen beim Züchten von festfleischigen – also lager- und transportfähigen – Erdbeeren bestimmte Aromastoffe verloren. Offensichtlich korrelieren die Merkmale „festes Fleisch" und „Walderdbeeraromen" negativ miteinander – man kann nicht beides haben. Eine andere Untersuchung zeigte beim Vergleich von modernen mit alten Apfelsorten, dass Letztere Herzkrankheiten wirksamer vorbeugen können.[2]

Allerdings gibt es noch relativ wenige derartige Untersuchungen und ihre Aussagekraft für den Alltag ist beschränkt. Denn die gesundheitsrelevanten Inhaltsstoffe einer Pflanze sind variabel und hängen nicht nur von der Sorte, sondern auch davon ab, wo und wie die Pflanze gewachsen ist. Wuchs sie im Freiland, auf organisch gedüngtem Boden? Oder wurde sie in Nährlösung aufgezogen, wie es bei vielen Glashauskulturen auch bei uns längst üblich ist? Stammt sie aus biologischem oder konventionellem Anbau? Wurden die Früchte unreif oder reif geerntet?

Als Grundregel lässt sich sagen, dass saisonal produzierte, reife Früchte aus biologischem Freilandanbau gute, an wertvollen Inhaltsstoffen reiche Lebensmittel sind. Und außerdem, behaupten wir, einfach am allerbesten schmecken! Darüber hinaus ist eines sicher: Je mehr verschiedene biologische Arten wir essen, desto wahrscheinlicher decken wir alle Nährwertbedürfnisse ab.

Vielfältige Landwirtschaft – Basis für die Zukunft

Auch aus ökologischer Sicht sprechen viele gute Gründe für eine große genetische Vielfalt in der Landwirtschaft: Vielfalt verringert das Risiko von Ernteausfällen durch Krankheitserreger, Schädlinge und Witterungsextreme. Sie erhöht die Selbst-Regulations-Fähigkeit von landwirtschaftlichen Ökosystemen. Denn lokal angepasste Sorten sind meist deutlich robuster als globale Industriesorten. Die in Jahrtausenden von unseren Vorfahren entwickelte Vielfalt an Nutzpflanzen ist auch eine wichtige Grundlage für neue Züchtungen, ebenso wie die wild wachsenden Verwandten unserer Nutzpflanzen. Gerade im Zeitalter des Klimawandels sind wir auf diese Basis angewiesen! Sie bietet uns die Möglichkeit, veränderten Umweltbedingungen angepasste Sorten zu züchten.

Oben: Rote Rübe geht in Blüte.
Unten: Gelbe Pepperoni.

Eine Vielfalt an Sorten und Pflanzenarten bringt eine ebensolche Vielfalt an kulinarischen, ästhetischen, sinnlichen und gesundheitlichen Vorteilen mit sich. Und auch jenseits ihrer Nützlichkeit stellt biologische Vielfalt einen Wert an sich dar. Denn wir wissen heute einfach noch viel zu wenig über lebendige Systeme, um „wertvoll" von „wertlos" unterscheiden zu können. Dieses Nichtwissen verpflichtet uns, mit größtmöglicher Vorsicht ans Werk zu gehen.

Billig kommt uns teuer zu stehen

Wie schaut es nun aus mit der finanziellen Seite? Biologische Lebensmittel, so heißt es, und insbesondere Raritäten seien teurer als herkömmliche Lebensmittel und somit für viele Menschen nicht leistbar.

Es stimmt, dass gute Lebensmittel ihren Preis haben (müssen). Leider herrscht bei Lebensmitteln jedoch generell keine Kostenwahrheit. Deshalb wird ihr Wert im Vergleich zu anderen Gütern eher gering geschätzt. Wir geben durchschnittlich 13 Prozent unserer Haushaltseinkommen für Lebensmittel aus.[3] Ein großer Teil des Einkaufs wird jedoch nicht konsumiert, sondern verdirbt ungenutzt. Durchschnittlich 12 Prozent der eingekauften Lebensmittel landen sogar ungeöffnet (!) im Hausmüll.[4] Wäre es nicht besser, weniger, dafür aber hochwertigere Nahrungsmittel zu kaufen?

Eine Umstellung auf gute, umweltgerecht und fair produzierte Lebensmittel ist für viele mit einer Änderung der Ernährungsgewohnheiten insgesamt verbunden. Und spätestens hier kommt die gute Nachricht: Weniger Fleisch zu essen und statt auf halbfertige auf unverarbeitete, frische Lebensmittel zurückzugreifen; weniger, dafür aber qualitätsvollere Produkte zu kaufen; sich nach Möglichkeit wieder mehr Zeit zum Selberkochen zu nehmen: All das kann den Geldbeutel sogar entlasten. Und gleichzeitig die Freude am Essen und damit die Lebensqualität erhöhen.

Wir hoffen, dass der Luxus, der im Garten wächst und auf lokalen Märkten erhältlich ist, in Zukunft immer mehr Menschen zur Verfügung stehen wird. Lassen wir gemeinsam eine neue Kultur der Vielfalt in den Küchen entstehen, in den Gärten und in den Köpfen!

Lesetipps:
Michael Pollan: Lebensmittel. München 2009.
Hanni Rützler, Wolfgang Reiter: Food Change. 7 Leitideen für eine neue Esskultur. Wien 2010.

1 Bohumil Hrabal: Ich habe den englischen König bedient. Frankfurt am Main 1990. Das gefüllte Kamel bitte symbolisch zu verstehen, wie es wohl auch bei Hrabal gemeint ist.
2 Vgl. http://www.zeit.de/2006/23/N-Erdbeeren_xml; http://surfmed.sat1.de/content/9e6043226d7180d35a8f13e27cc672b9 (zuletzt besucht am 27.01.2011).
3 Quelle: Statistik Austria, Konsumerhebung 2004/2005.
4 Laut einer Studie des Instituts für Abfallwirtschaft an der BOKU Wien.

Beate Koller am Stand von Philipp Sarkosh am Wiener Kutschkermarkt.

Marinieren

Frühjahrsaspekt im ARCHE NOAH
Schaugarten: Salate.

Obwohl im Mai und Juni im ARCHE NOAH Schaugarten Dutzende verschiedene Salatsorten in prachtvollen „Formationen" standen, entschieden wir uns dafür, weniger bekannte Salatpflanzen wie Winterpostelein, Gartenmelde und Eiskraut zum Marinieren auf die Bühne zu holen.

Wir sind heute gewohnt, zu jeder Jahreszeit Salat zu kaufen. Abgesehen davon, dass außerhalb der Saison ein großer Energie- und Chemieeinsatz mit Produktion, Transport und Lagerung der grünen Blätter verbunden ist, steigert es durchaus den Genuss, sich an jene Pflanzen zu halten, die gerade Saison haben, und die anderen einfach wegzulassen. Während man sich im Winter mit marinierten Rüben, Endivien und Zuckerhut verwöhnt, kann die Vorfreude auf das frische Grün langsam wachsen. Im Frühjahr ist die große Auswahl an Salatvarianten dann ein besonderes Vergnügen! Viele ausdauernde und winterharte Frühjahrssalatpflanzen standen dabei in den letzten Jahrzehnten im Schatten des allgegenwärtigen Kopfsalats. Manche waren nur in Selbstversorgergärten zu finden, weil sie nicht lagerfähig und deshalb nicht für den Handel geeignet sind.

Zu unseren Rezepten: Hans Reisinger schwört darauf, Salate auf dem Teller anzurichten und sie dann erst mit Marinade zu beträufeln. Und das nicht nur deswegen, weil man sie auf diese Weise besonders ansprechend gestalten kann – die größere Oberfläche eines Tellers bietet im Vergleich zu der einer Schüssel mehr Platz für Blütenschmuck und andere Bereicherungen. Aber vor allem: Der Salat bleibt einfach frischer! Beim Durchrühren in einer Schüssel werden die Blätter beschädigt. Dadurch verlieren sie Saft und werden welk und unansehnlich.

Kapuzinerkresseblüten für den Salat.

Bunter Radieschensalat

3 Bund Radieschen mit Grün (hier die Sorten Rudi (rot), Helios (gelb) und Großes Rundes Weißes)
Quittenessig
Haselnussöl
Salz
(Wiesen-)Salbeiblüten
2 EL Haselnüsse

Radieschen waschen, Stängel abschneiden (etwas Grün dranlassen), in Spalten schneiden.
Quittenessig und Haselnussöl gut vermischen.
Marinade ohne Salz probieren, erst dann salzen, falls erforderlich!
Über die angerichteten Radieschen träufeln.
Mit Salbeiblüten garnieren.
Zerkleinerte Haselnüsse rösten und über die Radieschen streuen.

Klein, aber oho!

Das Radieschen ist die kleinere und kulturgeschichtlich gesehen auch die jüngere Schwester des Rettichs und eine europäische Spezialität. Während Rettiche seit Jahrtausenden in verwirrender Mannigfaltigkeit in Ostasien eine bedeutende Rolle in der Ernährung spielen und teilweise beeindruckende Dimensionen entwickelten – man denke an die japanischen Daikon-Rettiche mit einem Gewicht bis 25 kg – begegnen wir dem Radieschen erst ab dem 16. Jahrhundert in der europäischen Literatur.

Nach allem, was wir wissen, entsprachen die frühen Radieschensorten dem „Eiszapfen"-Typus, der wie ein kleiner Rettich aussieht. Bis ins 18. Jahrhundert waren vor allem Sorten mit brauner oder schwarzer Rinde üblich. Die heute gängigen roten und weißen Formen wurden erst später, vor allem in Italien, entwickelt. Auch heute gibt es unter den Radieschen noch einige regionale Besonderheiten. So sind in Frankreich längliche, rot-weiße Sorten beliebt. Auf den Wiener Märkten waren früher großknollige rote Radieschen mit bis zu 6 cm Durchmesser typisch, deren weißes Fleisch lange butterzart blieb, ohne pelzig zu werden, und dabei mit dezenter Schärfe punktete. Leider sind viele dieser Sorten verschwunden. Eine erfreuliche Ausnahme sind die „Riesen von Aspern", die von Wiener Gärtnern nachweislich seit 100 Jahren als Spezialität angebaut und vermarktet werden und in den letzten Jahren wieder mehr Verbreitung gefunden haben.

Die faszinierende Formen- und Nutzungsvielfalt der Radieschen und Rettiche kann bei uns fast nur erforschen, wer einen Garten oder eine andere Anbaumöglichkeit sein eigen nennt, da die auf dem Markt angebotenen Sorten das Spektrum bei weitem nicht abdecken. Was die Zubereitungsmöglichkeiten betrifft, so ist bei Rettichen auch ein Blick in die ostasiatischen Küchen lohnend, wo diese nicht nur roh, sondern vorzugsweise gekocht, gedünstet, getrocknet oder eingelegt werden. Eine Sonderform sind die sogenannten Schlangen- oder Rattenschwanzrettiche. Hier isst man die jungen fleischigen Schoten, die bis zu einem Meter lang werden können! Sie werden roh verzehrt, in Essig eingelegt oder, gemeinsam mit den Blättern, als Gemüse gekocht.

Tipp

Qittenessig und Haselnussöl ergeben mit Radieschen eine besonders spannende Geschmackskombination. Aber natürlich lässt sich feiner Radieschensalat auch mit anderen hochwertigen Essigen und Ölen marinieren – probieren Sie es einfach aus!

Winterpostelein mit geröstetem Talggen

100 g Talggen (alternativ kann man Polenta verwenden)
Öl zum Anbraten
Salz

Für den Salat
Winterpostelein
Apfelbalsamessig
Olivenöl
Gänseblümchen oder andere Blüten zur Dekoration

Talggen in einer flachen Kasserolle mit etwas Öl anrösten, mit 100 ml Wasser aufgießen, salzen.
Kurz aufkochen, dann auf einen flachen Teller aufstreichen und ziehen lassen.
Talggen in Stücke brechen und in einer Pfanne in etwas Öl auf beiden Seiten goldbraun braten.
Gebratene Talggenstücke auf Tellern anrichten.
Winterpostelein waschen und darauf verteilen. Mit einer Marinade aus Apfelbalsamessig und Öl benetzen, mit Blüten dekorieren.

Varianten

Als schnelles, kräftigendes Frühstück einfach Talggenschrot mit kochend heißem, leicht gesalzenem Wasser anrühren, kurz köcheln und den Brei mit Butter und Honig verfeinern. Eher sterzartig zubereitet und abgeschmalzen war Talggen früher eine Kraftnahrung für hart arbeitende Menschen.

Ein altes Lebensmittel kommt zu neuen Ehren

Talggen war in Oberkärnten in der Region um Spittal an der Drau und im Nockgebiet seit dem Frühmittelalter ein wichtiges bäuerliches Grundnahrungsmittel. Der Name dürfte slawischer Herkunft sein („talkuna“ = Hafermehl). Talggen wird in einem speziellen Verfahren im Haushalt hergestellt: Getreide wird zunächst gedämpft, dann gedörrt (traditionell in der Restwärme des Brotbackofens) und anschließend grob vermahlen. Die Zutaten variieren: Während manche nur eine Getreideart (Weizen oder Roggen) verwenden, mischen andere mehrere (z.B. Roggen, Dinkel oder Weizen und Hafer); manche halten den Hafer für ganz wesentlich. Talggen ist Frühstück oder Abendessen. Aus dem groben Schrot lässt sich schnell eine vollwertige Speise zubereiten, die durch den Herstellungsprozess bereits aufgeschlossen und dadurch sehr gut verdaulich ist. So kommt diese traditionelle Speise auch heutigen Ernährungsbedürfnissen entgegen!

Winterpostelein

Dieser zarte Frühjahrssalat, der wortmalerisch auch „Tellerkraut“ genannt wird, ist eine Kulturpflanze der indianischen Ureinwohner des pazifischen Nordamerika. Im Laufe der Zeit wurde Winterpostelein (*Montia perfoliata*) in ganz Nordamerika und darüber hinaus verbreitet. Der Forscher und Gelehrte Humbolt beschrieb es 1804 und nahm die Pflanze von Kuba nach Paris mit; daran erinnert der synonym verwendete Name „Kubaspinat“. Trotzdem blieb Winterpostelein in den europäischen Gärten bis heute ein seltener Gast. Als Mitglied der Familie der Portulakgewächse (*Portulacaceae*) ist es mit dem Portulak verwandt und wird auch als „Winterportulak“ bezeichnet. Dies weist schon auf seine gute Winterhärte hin, dank derer Herbstaussaaten mit Ernten im zeitigen Frühjahr möglich sind und ein saisonal sehr früher Salat zur Verfügung steht. Geerntetes Winterpostelein ist ca. eine Woche haltbar. Tipp: Probieren Sie Winterpostelein auch einmal als Dünstgemüse!

Rote Melde mit Einkorn

1 Zwiebel, mittelgroß
Öl zum Anschwitzen
150 g Einkornreis
Salz
4 Handvoll Rote Melde
Zitronensaft zum Marinieren
Öl zum Marinieren (sehr gut passt Hanföl)

Fein geschnittene Zwiebel in etwas Öl anschwitzen. Einkornreis dazugeben und kurz anschwitzen, mit doppelter Menge Wasser aufgießen und gut durchkochen. Zugedeckt ziehen lassen. Nach persönlichem Bedarf salzen.
Rote Melde waschen, abtropfen lassen. Fein geschnittene Stängel und Meldenspitzen in das temperierte Einkorn rühren. Mit Zitronensaft und Öl marinieren.

Tipp

Achtung, das Getreide darf nicht zu heiß sein, sonst welkt die Melde sehr schnell.

Varianten

Dieses Gericht gelingt auch mit Dinkel- oder Emmerreis sehr gut!

„Goldgemüse"

Ihre Verwandten, die Melden- und Gänsefußarten, werden vielfach abschätzig als „Unkräuter" bezeichnet – wiewohl auch sie als Wildgemüse gut geeignet sind. Die Gartenmelde selbst (*Atriplex hortensis*) mit ihrem weichen, etwas fleischigen Blatt eignet sich für vielerlei Zubereitungen. Im Garten zeigt sie, wenn man sie blühen lässt, etwas von ihrem „wilden Charakter" – sie samt freizügig aus und ist bald auf allen Beeten zu finden.

Wir kennen grüne, purpurne und gelbliche Sorten von Gartenmelden sowie die Sorte „bengalis" mit ihrem grünen Stängel, deren Spitzen und Blätter wunderschön rosa gefärbt sind. Besonders die roten Formen übertreffen in ihrer Farbenpracht die meisten Zierpflanzen und sind auch optisch ein Genuss.

Die Gartenmelde hat ihre Heimat in Europa und im Orient. Schon die alten Griechen bauten sie nachweislich an. „Chrysolachanon", Goldgemüse, wie sie auch genannt wird, war auch wegen seiner Heilkraft bekannt. Bis ins 11. Jh. hinein wird die Gartenmelde in alten Schriften immer wieder erwähnt. Dass sie später zunehmend seltener genannt wird und heute in unseren Gärten kaum noch zu finden ist, mag daran liegen, dass ab dem Spätmittelalter eine Vielzahl von Blattgemüsesorten, unter ihnen Spinat, genutzt wurde. Sie verdrängten die Melde. In Rumänien ist Gartenmelde jedoch nach wie vor eine wichtige Pflanze in den Hausgärten – je nach Region in grünen oder roten Lokalsorten.

Grüne Melde mit Honig

4 Handvoll Grüne Melde (oberer Teil der Pflanze, 7–8 cm)
250 g Frischkäse oder Topfen (Quark)
1 TL Honig
Apfelessig zum Marinieren
Vergissmeinnicht- oder andere Wiesenblumenblüten zum Garnieren

Melde waschen, gut abtropfen lassen. Blätter abzupfen und auf einem Teller anrichten. Ein paar Meldenstiele fein scheiden und zur Seite stellen. Frischkäse oder Topfen gut verrühren, sodass er cremig wird. In kleinen Häufchen um die Melde auf Tellern verteilen.
Für die Marinade Honig und Apfelessig gut verrühren. Melde damit beträufeln, die fein geschnittenen Meldenstiele darüber streuen. Mit Blüten garnieren.

Tipps

- Die Blätter der Gartenmelde können in der Küche sehr vielseitig eingesetzt werden: als Salat, gemischt mit anderen Blättern, Früchten oder Getreide; als Dünstgemüse, solo oder gemeinsam mit anderem Blatt- oder Wildgemüse; als Füllung von Strudeln und Tartes. Aber ebenso zum Einwickeln von (Frisch-)Käse oder Brie – zart mariniert eine wunderbare Vorspeise!
- Auch die jungen Stängel, die einen feinen Geschmack nach Roten Beten aufweisen, sollten nicht in den Biomüll wandern, sondern klein geschnitten den Gerichten hinzugefügt werden – schmeckt köstlich, einfach ausprobieren!

Marinierte Tomaten mit gebratenen Salbeiblättern

3 Handvoll Tomaten, bunt, kleine und große
2 EL Olivenöl
Salbeiblätter
Essig (sehr gut passt Quittenessig)

Kleinere Tomaten in einer Pfanne mit Olivenöl braten. Größere in Stücke schneiden und auf Tellern anrichten; gebratene Tomaten dazugeben. Salbeiblätter in der noch heißen Pfanne knusprig braten und über die Tomaten streuen. Mit wenig Essig beträufeln.

Tipp

Die Kombination aus gebratenen und rohen Tomaten verbindet die Vorzüge beider Darreichungsformen. Bei den gebratenen Früchten ist der Säuregehalt nicht mehr so hoch wie bei den rohen, der Geschmack wird dadurch etwas milder.

Sommerendivien mit Jogurt-Honig-Marinade

3 Sommerendivien, mittelgroß
(hier die Sorte „Moss Curled“)
125 g Jogurt
1,5 EL Honig
Saft einer Zitrone
3 EL Haselnüsse, geschnitten

Sommerendivien putzen, etwas zerkleinern, waschen und gut abtropfen lassen. Auf Tellern anrichten.
Jogurt mit Honig und Zitronensaft gut verrühren.
Haselnüsse in der Pfanne trocken bei mittlerer Hitze rösten, bis sich ihr Aroma voll entwickelt hat.
Das duftet!
Marinade über die Blätter träufeln. Mit den noch warmen Haselnüssen bestreuen.

Die raschwüchsigen Sommerendivien können im Garten und auf dem Balkon fortlaufend wie Schnittsalat geerntet werden. Sie sind eng verwandt mit den bekannten Herbst- und Wintersalaten (Frisée-Endivien und Escariol) und schmecken wie diese etwas bitter.

Nachbarin Milli kommt seit vielen Jahren zum Mithelfen in den Schaugarten.

Gebleichter Löwenzahn mit Rosinenmarinade

Blätter von 6 Löwenzahnpflanzen, gebleicht
1 Handvoll Minze (hier gemischt „Asiatische Ölminze", „Kärntner Minze", „Wilde Minze")
1 Handvoll rote Basilikumspitzen
1 Handvoll Zitronenmelisse

Für die Rosinenmarinade
1/2 EL Rohrzucker
3 EL Rosinen, Korinthen, Zibeben (große Rosinen) und / oder Sultaninen
1/16 l Weißwein
einige Spritzer Weißweinessig
4 EL Olivenöl

Löwenzahnblätter waschen, gut abtropfen lassen und auf Tellern anrichten.
Für die Marinade Zucker mit Rosinen leicht karamellisieren. Mit Weißwein ablöschen und gut durchkochen. Etwas abkühlen lassen. Mit Essig säuern und mit Olivenöl vermischen.
Kräuter waschen, gut abtropfen lassen, mischen und zum Löwenzahn anrichten. Kräftig mit Dressing marinieren.

Tipp

Bitterkeit kann man mit Süße nicht reduzieren, man verstärkt sie damit eher noch! Salz hingegen hilft, Bitterstoffe zu reduzieren – sofern das gewünscht ist. In diesem Rezept ergänzen die Kräuter mit ihren Aromen sowie die süßen Rosinen den bitteren Geschmack des Löwenzahns.

Bitte bitter!

Die Bitterkeit von Löwenzahnblättern kann man durchaus angenehm empfinden. Besonders, wenn man beim Kauen an all die günstigen Wirkungen der Bitterstoffe im Gemüse denkt – verdauungsfördernd, immunstimulierend, appetitbremsend. Trotzdem kann und darf man durch Bleichen den Geschmack des Löwenzahns noch verfeinern. Sie können wilden Löwenzahn im Garten ebenso verwenden wie den Kulturlöwenzahn mit etwas üppigerem Blattwerk. Zum Bleichen einfach einen schwarzen Eimer oder eine hübsche tönerne Bleichglocke ins Beet oder in die Wiese stellen und hin und wieder lüften, um Fäulnis zu verhindern. Nach rund zwei Wochen sind die nunmehr gelblichen Blätter erntereif. Wer auch im Winter gärtnern und seine Salatpalette erweitern will, gräbt im Oktober oder November Löwenzahnpflanzen aus, schneidet sie zurück (Achtung auf die Herzblätter), stellt sie dicht an dicht in angefeuchteten Sand und lässt sie im dunklen Keller austreiben.

Bleichen von Löwenzahn mit einer Bleichglocke.

Eiskraut mit Apfelspalten

4 Handvoll Eiskraut
2 Äpfel
1 EL Butter
1/2 EL Rohrzucker
1/16 l Weißwein

Eiskraut waschen.
Äpfel vierteln, entkernen, mit der Schale in Spalten schneiden. Butter mit Zucker erwärmen, Apfelspalten kurz mitdünsten.
Mit Weißwein ablöschen, kurz ziehen lassen. Die Apfelspalten sollten noch einen leichten Biss haben.
Apfelspalten mit Eiskraut anrichten. Die beim Dünsten entstandene Flüssigkeit über die Apfelspalten träufeln.

Tipp

Die weichen Apfelspalten ergeben im Mund einen angenehmen Kontrast zum „knusprigen", knackig-saftigen Eiskrautblatt.

Kristallsalat

Eiskraut (*Mesebryanthemum cristallinum*) ist eine Pflanze von bizarrer Schönheit. Da sie auch im Kübel gedeiht, ist sie eine ideale Balkonbewohnerin – nützlich und zierend zugleich. Anders als ihr Name vermuten lässt, liebt sie keine tiefen Temperaturen, sondern vielmehr warme Sommer und milde Winter, wie sie in ihrer Heimat an den südafrikanischen Küsten, vorherrschen.

Die Blattoberfläche des Eiskrauts glitzert wegen der vielen Saftzellen, die der Pflanze helfen, auch mit hohen Salzgehalten zurande zu kommen. Diese prallgefüllte Zellen sind auch für die knackige Textur des Blattes verantwortlich, die beim Hineinbeißen ein besonderes Erlebnis ist. Eiskraut ist nur selten auf Märkten erhältlich, daher finden Sie im Anhang Bezugsquellen für Saatgut und eine Anbauanleitung.

Mairübensalat

4 Mairüben, mittelgroß, mit Kraut (hier die Sorte „Runde Weiße Rotköpfige")
2,5 EL Butter
Salz
Weintraubenkernöl
Marillenessig (Aprikosenessig)

Mairüben waschen, säubern, das Kraut 1 cm über der Knolle abschneiden, die jungen Blätter und Blattspitzen von den Stielen abbrechen, gut abtropfen lassen.
Stiele in halbzentimeterdicke Stücke schneiden. Die Rübe mit der Schale in kleine Spalten schneiden. Rübenspalten mit 1/8 l Wasser in 2 EL Butter bissfest dünsten, erst dann salzen! Mit der beim Dünsten entstandenen Flüssigkeit anrichten.
Mairübchenstiele in restlicher Butter kurz rösten und darüber streuen. Blätter und Blattspitzen mit Traubenkernöl und etwas Marillenessig beträufeln, ganz kurz wenden und sofort zu den Mairübchen platzieren.

Variante
Alternativ lässt sich Mairübensalat auch gut mit Olivenöl und mildem Apfelessig anmachen.

Rote Rüben mit gebratenem Semmelkren

4 Rote Rüben (Rote Bete) mit einigen Blättern
Kren (Meerrettich), frisch gerieben, zum Garnieren
Apfelbalsamessig zum Beträufeln

Für den Semmelkren
4 Scheiben Vollkorn-Toastbrot
1 Ei
1/16 l Obers (Sahne)
Salz
1 gehäufter EL Kren, frisch gerieben
1 EL Butter

Rote Rüben waschen und in der Schale bissfest kochen.
Für den Semmelkren Toastbrot in Würfel schneiden. Ei mit Obers und Salz gut verrühren. Toastbrotwürfel und Kren untermischen, kurz ziehen lassen. Die Masse ca. 3 cm hoch in Metallringe mit 6 cm Durchmesser einfüllen. Butter in einer erhitzten Pfanne zerlassen, Semmelkren mit Ring hineinsetzen, dann den Ring hochziehen. Auf beiden Seiten 5 Minuten goldgelb braten.
Rote Rüben schälen, schneiden und auf Tellern mit dem Semmelkren anrichten. Mit Rote-Rüben-Blättern und frisch geriebenem Kren garnieren, Rote Rüben mit Apfelbalsamessig beträufeln.

Tipp
Semmelkren lässt sich auch sehr gut im Backofen bei 180 °C 10 Minuten backen.

Zart garen, dünsten, braten

Bunter Stielmangold in den Händen der ARCHE NOAH Gärtnerin Franziska Lerch.

Oben: Mangoldernte. Mitte: Gärtner Franco Baumeler im Grünkohl. Unten: Hülsen der Erler Erbse.

Was heißt hier „zart garen"? In diesem Kapitel stellen wir ein paar besondere Pflanzen vor, die zärtlich behandelt werden wollen. So verschwindet der köstliche Esskastanien-Geschmack der Kerbelrübe leicht, wenn man sie zu lange und zu heftig brät. Dann hat man nur noch eine mehlig-süße Knolle auf dem Teller – die man einfacher und billiger aus alten Kartoffeln herstellen könnte.

Bitte achten Sie also darauf, dass die Temperatur beim Braten nicht zu hoch ist und auch die Zeiten für Dünsten und Kochen kurz gehalten werden. In diesem noch leicht knackigen, bissfesten Zustand kommen die Gemüseraritäten einfach am besten zur Geltung.

Puffbohnen mit Couscous

2 Handvoll Puffbohnen
200 g Couscous
2 EL Butter
1 Handvoll Grüne Perilla („Shiso“)
200 g Schafkäse (z.B. Feta), gerieben
Olivenöl nach Geschmack
Salz
1/16 l Gemüsefond

Tipp

Perilla frutescens („Shiso“), eine hocharomatische Verwandte des Basilikums, wird in Ostasien vielseitig verwendet. Shiso ist leicht im Blumentopf zu kultivieren und erfreut Auge, Nase und Gaumen. Alternativ lässt sich Basilikum verwenden.

Ausgelöste und geschälte Puffbohnen ca. 1 Minute lang in kochendem Wasser blanchieren, abgießen und in kaltem Wasser abschrecken.
Couscous kurz in der Hälfte der Butter anbraten, mit der doppelten Menge Wasser aufgießen, kurz aufkochen und zugedeckt ziehen lassen.
Perillablätter waschen und von den Stielen zupfen. Noch warmen Couscous mit fein geschnittenen Perillablättern und geriebenem Schafkäse gut vermischen. Mit etwas Olivenöl und Salz abschmecken. Couscous mithilfe eines nassen Esslöffels formen und warm stellen. Puffbohnen-Kerne mit restlicher Butter, Salz und Gemüsefond erhitzen, kurz ziehen lassen. Mit dem entstandenen Saft und etwas Öl anrichten. Couscous darauf platzieren.

Schmeckt nicht nur Pferd und Sau

Keinesfalls wollen wir der Puffbohne (*Vicia faba* – man sieht sie auf S. 38/39) ihre ausgezeichneten Qualitäten zur Bodenverbesserung und Ernährung von Boden und Tieren absprechen. Nicht umsonst trägt sie auch die Namen Pferde- und Saubohne. Nur: Es wäre schade, zu vergessen, dass man die leckeren Samen auch selbst essen kann, statt sie erst durch eigentlich grasfressende Tiere zu schicken und dann deren Fleisch zu verzehren.

Vor allem im Alpenraum hat die Puffbohne früher dem Menschen als außerordentlich vielseitiges Nahrungsmittel gedient. Bis in die 1960er Jahren war sie eines der wichtigsten Grundnahrungsmittel. Zum Beispiel für die Osttiroler Bergbauernhöfe: Im Winter weichte man getrocknete Bohnen über Nacht ein, mischte zuvor eine Handvoll Holzasche aus dem Herd ins Wasser und garte sie am Morgen in frischem Wasser langsam weich.

Den Kindern gab man einige Bohnen für die Hosentasche als kleine Zwischenmahlzeit mit. Getrocknete Bohnen, die man auf den Herd legte, bis sie braun waren und anschließend mit heißem Wasser übergoss, ergaben einen besonderen „Kaugummi“. Aus getrockneten Bohnen wurde auch Mehl gemahlen. Dieses mengte man dem Brotmehl bei, buck daraus in der Pfanne Fladenbrot oder kochte Bohnenmus. Geröstete, gemahlene Bohnen wurden auch mit heißem Wasser aufgegossen – fertig war der „Bohnen-Kaffee“.

Zur Saison gab´s dann grüne Bohnen: Im Kartoffeltopf wurden obenauf die grünen Hülsen mitgekocht. Die Kartoffeln und die mit der Hand aus der Schale gelösten Bohnen aß man mit Salz und Butter. Eine deftige Kalorienzufuhr für Heuzieher und Holzfäller waren die „ungimochten Poan“: gekochte Bohnen, mit gequetschtem Mohn, Honig und geschmolzener Butter übergossen.

Eine so wichtige Nutzpflanze wurde natürlich auch gebührend gefeiert, zum Beispiel in den Osttiroler Bohnenfesten aus Anlass der Bohnenernte. Sie tragen klingende Namen wie Bühn-Hohlgungl, Schollepoansomstag oder Hosboan-Kirchtag – Brauchtum, das gemeinsam mit der Bohne heute fast vergessen ist. Hier noch ein paar Namen, unter denen Sie in Zukunft nach Puffbohnen fragen könnten:

- Große Bohne, Dicke Bohne (großkörnige Sorten, die besonders gut zu essen sind)
- Pferdebohne, Saubohne (mittelgroße Samen)
- Ackerbohne (kleinkörnig)
- Pühnhohle, Pöhnschole, Peenschol, Prockboan, Hosboan oder Schollepoan (tirolerisch für die frischen grünen Bohnen)

Dank an Brigitte Vogl-Lukasser, die die traditionelle Nutzung der Puffbohne in Ost-Tirol dokumentierte.

Kipflerbohnen mit Nussbröseln

2 Handvoll Kipflerbohnen
1/2 Tasse Walnüsse
1 Knoblauchzehe
2 EL Butter
1/2 Tasse Semmelbrösel (Paniermehl)
Salz
etwas Öl
Wiesenthymianzweige zum Braten

Kipflerbohnen blanchieren, Walnüsse hacken. Knoblauch schälen und klein schneiden. Walnüsse mit Butter und Knoblauch bei mittlerer Hitze in einer großen Pfanne vorsichtig bräunen. Brösel dazugeben und kurz mitrösten. Kipflerbohnen hinzufügen und unter ständigem Rühren leicht bräunen. Salzen, durchschwenken und kurz ziehen lassen. Wiesenthymianzweige mit Öl bei mittlerer Hitze in einer Pfanne ganz kurz braten, etwa 20 Sekunden, der Thymian soll sein zartes Grün behalten. Anrichten.

Warum ist die Bohne krumm?

Zugegeben – wir wissen auch nicht, warum die Fisolen (Bohnenschoten) der sogenannten Kipflerbohnen (*Phaseolus vulgaris*) wie ein Kipferl (Hörnchen) gebogen sind. Kipflerbohnen sind eine Spezialität des südsteirischen Raums. Die Hülsen dieser Stangenbohnen weisen jedoch je nach Sorte die verschiedensten Farben und Musterungen auf. Auch in Norditalien sind mondsichelartig gekrümmte Fisolen als „Anellino" bekannt. Sie lassen sich auch noch im späten Stadium verwerten, wenn sich schon die teigreifen Samen abzeichnen, ohne Fäden zu bekommen oder bastig zu werden. Kipflerbohnen werden vorwiegend für den Eigenbedarf angebaut. Sie sind bislang nur auf Bauernmärkten, vor allem in der Steiermark, erhältlich.

Die Gartenbohne und ihre Verwandten

Die Gartenbohne, die im 16. Jahrhundert aus Lateinamerika nach Europa gebracht wurde, war bald beliebter als heimische Bohnen der „Alten Welt". Die ästhetische Vielfalt fordert das Aussortieren und Sammeln neuer Bohnentypen geradezu heraus.
So entstanden Hunderte von lokalen Sorten. Die Gewinnung der Samen ist denkbar einfach – man muss nur Bohnen fürs nächste Jahr zur Seite legen. So haben sich auch viele Sorten lange im Anbau gehalten, für die die Industrie keine Verwendung hat.
Früher wurde die Gartenbohne in erster Linie als Trockenbohne genutzt und stellte eine wichtige Eiweißquelle für die ärmere Bevölkerung dar, für die Fleischkonsum ein Luxus war. In der Bauernschaft der Südoststeiermark beispielsweise kamen zweimal täglich Bohnengerichte auf den Tisch, Bohnen waren ein Grundnahrungsmittel. Die Nutzung der jungen Fisolen (grüne Bohnen) galt da manchen als Verschwendung, weil sie den Trockenbohnenertrag schmälerte. Heute sind Fisolen das Hauptprodukt des Bohnenanbaus und seit Jahrzehnten ein unentbehrliches Gemüse in unserer Küche.

Violetter Spargel mit Emmernudeln in Parmesan-Senf-Sauce

20 Stangen violetter Grünspargel
300 g Emmernudeln
1 EL Butter

Für Hoffmanns Sauce
1/8 l Obers (Sahne)
1 TL Senf
2 EL Parmesan, frisch gerieben
1 TL Butter
Salz
Pfeffer aus der Mühle

Spargel am unteren Ende schälen und 30 Sekunden bis 1 Minute in kochendem Wasser blanchieren. Emmernudeln kochen, abgießen und abschrecken. Bei Emmer auf die meist sehr kurze Kochzeit von ca. 3 Minuten achten!
Spargel in 2–3 cm große Stücke schneiden; in Butter kurz rösten. Emmernudeln dazugeben, mitrösten und durchschwenken.
Obers aufkochen lassen. Senf und Parmesan einrühren. Mit Butter vollenden, leicht salzen und mit frisch gemahlenem Pfeffer würzen.
Emmer-Spargel-Nudeln anrichten, mit Parmesan-Senf-Sauce beträufeln.

Tipps

- Violetten Grünspargel bekommt man nur selten, man kann ihn aber auf jedem größeren Balkon anbauen – siehe Kapitel Anbautipps & Bezugsquellen! Alternativ kann man für dieses Rezept auch normalen grünen Spargel verwenden.
- Wer keine Emmernudeln hat, kann z.B. Nudeln aus Hartweizengrieß verwenden. Das ermöglicht auch, siehe rechts, andere Zubereitungsvarianten.

Hofmanns Sauce

Das Rezept, das wir hier leicht abgewandelt haben, stammt von den ARCHE NOAH Mitgliedern Ingolf und Annette Hofmann aus dem Burgenland. Sie bauen seit vielen Jahren violetten Grünspargel an und haben uns diese ebenso rasche wie köstliche Zubereitungsart zur Verfügung gestellt. Sie kochen die Spargelstücke am Ende der Nudelkochzeit kurz mit, sodass die Nudeln das köstliche Spargelaroma noch stärker annehmen. Das geht allerdings nur mit Nudeln, die eine längere Kochzeit haben als jene aus Emmer.

Spargelsalat-Gemüse

4 Spargelsalat-Stängel
1 Zwiebel, mittelgroß
2 EL Butter
1/2 EL Mehl
1/4 l Gemüsefond
1 Handvoll Minze

Spargelsalat-Stängel entblättern (die jungen gelben Blattspitzen für die Garnitur aufbewahren) und schälen. Stängel 3–4 Minuten in kochendem Wasser blanchieren.
Fein geschnittene Zwiebel in Butter anschwitzen. Mehl einrühren. Mit Gemüsefond ablöschen, 4 Minuten leise köcheln lassen. Mit einem Stabmixer pürieren.
Stängel in Scheiben (oder würfelig) schneiden; in der Sauce weich garen.
Hälfte der frisch geschnittenen Minze und der geschnittenen Blattspitzen der Sauce hinzufügen, zweite Hälfte als Garnitur verwenden.

Tipps

- Zum Spargelsalat-Gemüse passen frische Kartoffeln; man kann es gut mit Fisch oder Geflügel kombinieren.
- Wir konzentrieren uns bei vielen Gemüsen nur auf die Teile, die üblicherweise genutzt werden. Gerade der Stängel ist aber bei manchen Gemüsearten besonders lecker – das gilt zum Beispiel auch für Brokkoli oder Artischocke.
- Auch ausgewachsenen Salat anderer Sorten kann man wie Spargelsalat zubereiten – am besten, bevor er zu blühen beginnt, denn dann werden die Stängel rasch bitter.

Eine ausgewachsene Delikatesse

Wie bei vielen anderen Kulturpflanzen auch ist die Züchtung von Salat in Asien ganz andere Wege gegangen als in Europa. Die Salatkultur etablierte sich vermutlich zwischen 600 und 900 n. Chr. in China. Im gesamten ostasiatischen Raum wurde auf verdickte, saftige und nicht-bittere Salatstängel mit wenig Blatt selektiert. So entstand der Typus des Spargel- oder Stängelsalates. In China, Thailand oder Laos werden die dicken Stängel geschält und spargelähnlich gedünstet oder auch im Wok zubereitet. Spargelsalat erinnert geschmacklich an sehr milden Kohlrabi und ist von ähnlicher Konsistenz wie das Fleisch einer Salatgurke. Wie Blattsalat ist es ein sehr leicht verdauliches Gemüse mit verdauungsfördernden Bitterstoffen und einem hohen Gehalt an Vitaminen und Mineralien.

Erler Zuckererbsengemüse

2 Handvoll Erler Erbsenschoten
4 Scheiben Toast- oder Weißbrot, in Würfel geschnitten
gut 2 EL Butter
1 Handvoll Ribiseln, reif (Johannisbeeren)
1 Handvoll Minze

Erbsenschoten waschen und ganz kurz in kochendem Wasser blanchieren (nur wenige Sekunden, um die lila Farbstoffe zu erhalten). Nach dem Abschrecken halbieren.
Brotwürfel in Butter goldbraun knusprig rösten.
Erbsenschoten dazugeben, kurz mitschwenken.
Ribiseln und geschnittene Minze hinzufügen und durchschwenken.
Warm anrichten. Nicht salzen!

Die Erler Erbse

Der größte Schatz im Bauerngarten der Familie Haselberger in Erl ist die „Erler Erbse". Diese alte Sorte, die seit mindestens 50 Jahren in der Tiroler Ortschaft angebaut wird, hat durch einen Samentausch „übern Zaun" einen Platz zum Überleben auf dem kleinen Bergbauernhof auf 750 m Höhe bekommen. Die mannshoch rankende Pflanze mit ihren wunderschönen purpurvioletten Blüten hat große, sehr süße Schoten, die sich gut zum Einfrieren eignen – sofern die Kinder etwas übrig lassen!

Marinierte Mangoldstiele mit Couscous

250 g Couscous
2 EL Olivenöll
gute Handvoll Mangoldblätter mit Stiel, bunt (gelb, rot, grün, hier die Sorte „Five Colours“)
2 EL Erdnussöl (oder ein anderes hochwertiges Speiseöl)
Zitronensaft zum Abschmecken
Salz

Couscous in Olivenöl kurz anbraten, mit doppelt so viel Wasser aufgießen. Kurz aufkochen und zugedeckt ziehen lassen.
Mangold waschen, bunte Stiele aus dem Blatt herausschneiden und in 5 mm große Stücke schneiden.
Geschnittene Mangoldstiele in der Pfanne mit Erdnussöl bissfest garen.
Couscous hinzufügen. Grob geschnittene Blätter dazugeben und kurz durchschwenken.
Mit Zitronensaft und Salz abschmecken und auf Tellern anrichten.

Tipp
Wenn der Mangold starke Fäden hat, ist es empfehlenswert, diese vor dem Kleinschneiden herauszuziehen.

Blatt oder Rippe?

Bei Mangold unterscheidet man zwei Formen: Stielmangold oder Rippenmangold, in der Schweiz Krautstiel genannt, und Schnittmangold, Blattmangold oder Beißkohl.

Stielmangold wird hauptsächlich in der Schweiz und in Frankreich in größerem Ausmaß angebaut. Das zarte Gemüse mit kräftigem Geschmack ist von Frühling bis Herbst erhältlich. Die breiten fleischigen Blattrippen werden in Stücke geschnitten, gebrüht und gratiniert. Sie können auch gekocht als Salat zubereitet werden.

Schnittmangold wurde früher vor allem in passierter Form genossen, heute ist er weitgehend vom Spinat verdrängt. Im Gegensatz zu diesem kann er jedoch den ganzen Sommer hindurch geerntet werden. Gehackt, gekocht und gewürzt ist er ein nahrhaftes Gemüse und eine ideale Krankenkost. Viele alte und traditionelle Alltagsgerichte werden damit zubereitet.

Neuseeländerspinat mit Frischkäselaibchen

1 Zwiebel, mittelgroß
1/2 EL Butter
6 Handvoll Neuseeländerspinatblätter und -spitzen
1 EL Rapsöl
Salz

Für die Frischkäselaibchen
250 g Topfen (Quark)
80 g Bergkäse, gerieben
Salz
4 Scheiben Toastbrot
Semmelbrösel (Paniermehl) zum Wälzen
Öl zum Braten
Blüten zum Garnieren

Topfen, Käse, Salz und Toastbrot im Mixer oder mit einem Stabmixer zerkleinern; 15 Minuten ruhen lassen.
Aus der Masse 12 gleich große Laibchen formen, in Bröseln wälzen und mit etwas Öl in einer heißen Bratpfanne auf beiden Seiten goldgelb braten (2 Minuten).
Fein geschnittene Zwiebel mit Butter in einer Pfanne glasig andünsten. Geputzten Neuseeländerspinat dazugeben, kurz durchschwenken, salzen. Auf Tellern anrichten.
Frischkäselaibchen auf dem noch lauwarmen Spinat servieren. Mit frischen essbaren Blüten – zum Beispiel Rosmarinblüten – garnieren.

Ein ewiger Spinat

Neuseeländerspinat (*Tetragonia tetragonioides*) stammt wie das Eiskraut, das wir Ihnen im Kapitel „Marinieren" vorgestellt haben, aus der Familie der Eiskrautgewächse (*Aizoaceae*). Das griechische Wort „aizoon" bedeutet „ewig leben" – womit allerdings keine wundersame Wirkung auf den Menschen gemeint ist, sondern die extreme Trockenheitstoleranz der Pflanzen. Denn die meisten Vertreter der Eiskrautgewächse sind dickfleischige Pflanzen, die in den Trockengebieten des südlichen Afrikas und Australiens vorkommen (und nicht in Neuseeland, von wo der Neuseeländerspinat um 1770 nach England eingeführt wurde). Von England aus fand er Verbreitung in ganz Europa.

Seine Unempfindlichkeit macht Neuseeländerspinat als Gartengemüse besonders interessant: Auch in heißem Sommerwetter, wenn bei uns kein Spinat geerntet werden kann, wächst er munter weiter – also doch ein Langlebenskünstler! Zwei bis drei Pflanzen reichen dabei für einen Haushalt leicht aus.

Feines Kohlragout mit gebratenen Kartoffeln

1 Grünkohl, mittelgroß
1 Zwiebel
2 Knoblauchzehen
Öl zum Anschwitzen und Braten
1/4 l Gemüsefond oder Wasser
Schuss Schlagobers (Sahne) nach Geschmack
Salz
Pfeffer, frisch gemahlen
2 Kartoffeln, festkochend, groß
8 Scheiben Bauchspeck

Kohlblätter kurz in kochendem Wasser blanchieren und mit eiskaltem Wasser abschrecken. Blattrippen herausschneiden.
Zwiebel und Knoblauch schälen, fein schneiden und in Öl anschwitzen. Mit Wasser oder Gemüsefond aufgießen, weich dünsten, mit einem Stabmixer pürieren.
Schlagobers hinzufügen und gut durchkochen lassen, bis eine sämige Konsistenz erreicht ist. Mit Salz und Pfeffer aus der Mühle würzen.
Kartoffeln waschen, schälen und in ca. 1 cm breite Würfel schneiden. Kurz blanchieren, gut abtropfen lassen. In einer Pfanne bei mittlerer Hitze in etwas Öl knusprig braten.
Kohlblätter fein schneiden und erst kurz vor dem Anrichten unter die Schlagobers-Zwiebel-Mischung rühren, damit sie ihren feinen Geschmack und die satte Farbe behalten. Bauchspeckscheiben knusprig braten, zu Kohl und gebratenen Kartoffeln anrichten.

Von ostfriesischen Palmen und Lerchenzungen

In Österreich weit weniger bekannt als Kraut und Wirsing sind die verschiedenen Blattkohle (*Brassica oleracea* var. *sabellica*). Dazu zählen Grünkohl, Braunkohl, Krauskohl, Federkohl oder Palmkohl, die allesamt keine Köpfe ausbilden, sondern ihre Blätter an hochwüchsigen Stängeln tragen. Die einzelnen Sorten können sehr unterschiedlich aussehen: Manche haben fast glatte Blätter, andere sind extrem gekraust, die einen leuchten im Garten hellgrün, die anderen imponieren mit dunklem Violett.

Grünkohl gehört zu den beliebtesten Wintergemüsen Norddeutschlands, wo man auch die „ostfriesischen Palmen" und „Lerchenzungen" findet. Eine späte Ernte und niedrige Temperaturen verbessern den Geschmack der Blätter, und da die Pflanzen sehr frosttolerant sind, erntet man auch bei Minusgraden frisch vom Beet. Der Blattkohl wurde oft mit dem Vieh geteilt – die zarten oberen Blätter kamen in den Topf, die großen derben in den Futtertrog.

Nicht kopfbildende Kohlarten zählen übrigens zu den ältesten Kulturformen der Art, wie antike griechische und römische Schriften belegen. Auch heute noch findet man in Italien attraktive Blattkohlsorten wie den „Toskanischen Palmkohl".

Geflügelter Knollenziest

2 Handvoll Knollenziest
1 EL Butter
1 EL Weintraubenkernöl (oder ein anderes hochwertiges Speiseöl)
Salz
1 Tomate, vollreif
8 Bio-Hühnerflügel
2 EL Sonnenblumenöl

Knollenziest bürsten und, falls notwendig, braune Spitzen abschneiden. In Butter und Öl glasig andünsten, mit einer halben Tasse Wasser aufgießen, salzen und bissfest (ca. 2 Minuten) garen. Es sollte beim Hineinbeißen noch krachen!

Knollenziest aus dem Topf nehmen und abgedeckt warm halten. Tomate häuten, in kleine Stücke schneiden, im restlichen Gemüsefond kurz aufkochen lassen. Pürieren, eventuell etwas salzen und ebenfalls warm stellen. Wird als Sauce zum Knollenziest angerichtet.

Fleisch der Hühnerflügel vor dem ersten Gelenk mit einem scharfen Messer am Knochen rundherum einschneiden. Gegen den Winkel drücken, damit sich der Knorpel vom Gelenk löst. Fleisch am Knochen zurückschieben (umstülpen), sodass 2/3 des Knochens blank liegen.

In eine ofenfeste Form legen, salzen, mit Sonnenblumenöl beträufeln und im vorgeheizten Ofen (200 Grad) ca. 15–20 Minuten lang knusprig braten.

Tipp

Knollenziest muss wegen seiner sehr dünnen Haut nicht geschält werden; allenfalls reibt man die Haut mit einem Küchentuch leicht ab. Aus demselben Grund sind die Knollen nur wenige Tage haltbar. Sie welken rasch und werden braun, daher am besten gleich verwenden.

Aromatische Verwandtschaft

Dieses Gemüse stammt aus einer Familie von Küchenkräutern: Der Knollenziest (*Stachys sieboldii*) ist mit Salbei, Minze, Lavendel und Basilikum verwandt. Das kulinarische Interesse gilt aber nicht dem Blatt der Pflanze, die wahrscheinlich in Zentral- und Nordchina in Kultur genommen wurde. Der spannende Teil verbirgt sich in diesem Fall vielmehr unter der Erde: bizarr aussehende Knöllchen, die je nach Assoziation an Perlenschnüre oder fette Maden erinnern können. Auch Letztere gelten ja in manchen Gegenden als Delikatesse …

Auf seiner Reise um die Welt gelangte das Gemüse über Japan und Indien 1887 nach Frankreich, hat aber bis heute aufgrund der aufwändigen Ernte keine nennenswerte Anbaubedeutung. Völlig zu Unrecht, denn die Knöllchen sind wirklich attraktiv und es macht Freude, mit ihnen Wokgerichte, Schmorgemüse oder Rohkostplatten zu verschönern! Ihr Eigengeschmack ist sehr dezent, so dass man sie sehr gut mit anderem Gemüse kombinieren kann. Aber auch süßsauer eingelegt kommt Knollenziest gut zur Geltung!

Geschmortes Ochsenherz

4 Ochsenherz-Karotten (Möhren), mittelgroß, mit Laub
2 EL Butter
Salz

Karotten waschen, Blätter wegschneiden, 5 cm der Stiele dranlassen.
In einem Topf mit der Hälfte der Butter, einem Schuss Wasser und etwas Salz auf kleiner Stufe zugedeckt weich dünsten (etwa 45 Minuten).
Geschmorte Karotten in Eiswasser abschrecken, mit den Fingern die Haut der Karotten abziehen, sie löst sich leicht.
Entstandenen Kochsaft mit Butterflocken vollenden, Karotten auf Tellern anrichten und mit dem Saft übergießen. Die inneren, zarten Karottenblätter als Garnitur verwenden.

Tipps

- Gedünstetes Ochsenherz ist eine feine und optisch sehr ansprechende Beilage mit wunderbarem Karottenaroma zu Gerichten aus dunklem geschmortem oder kurz gebratenem Fleisch.
- Als Vorspeise lauwarmes gedünstetes Ochsenherz in dicke Scheiben schneiden, nach Geschmack mit grobem Meersalz bestreuen, mit Karottenlaub anrichten. Dazu Scheiben von getoastetem Roggenbrot mit frischer Butter servieren.

Ochsenherz und Salzblüte

Die Ochsenherz-Karotte wird auch Guérande genannt, nach einer mittelalterlichen Stadt in der französischen Bretagne, die vor allem für ihre Salzgärten bekannt ist, in denen das kostbare „fleur de sel" gewonnen wird. Die alte samenfeste Karottensorte bildet große, dicke Rüben aus, die süß und aromatisch schmecken. Sie können sehr gut roh gegessen werden, sind aber auch hervorragend für Saft und Suppen geeignet.

Marinierte Schwarzwurzeln mit Dörrobst

2 Handvoll Schwarzwurzeln
2 EL Mehl
1 EL Butter
Salz
8 Dörrpflaumen
8 Dörrmarillen (Trockenaprikosen)
Kräuter zum Garnieren (z.B. Kerbel)

Schwarzwurzeln schälen, in mit wenig Mehl verrührtes Wasser legen (siehe S. 182) und anschließend schräg in 5 cm lange Stücke schneiden.
Mit Wasser knapp bedeckt unter Zugabe von Butter und Salz zugedeckt bissfest kochen (ca. 10 Minuten).
Dörrobst in Stücke schneiden, den Schwarzwurzeln und dem entstandenen Saft hinzufügen, verrühren, kurz ziehen lassen.
Anrichten und mit frischen Kräutern garnieren.
Warm servieren.

Die Schwarze und die Weiße

Die auch „Weißwurzel" genannte Haferwurzel (*Tragopogon porrifolium*) hat in Europa eine jahrtausendelange Geschichte und wurde bereits von vielen Autoren der Antike beschrieben. Als sich im 16. Jahrhundert die Schwarzwurzel (*Scorzonera hispanica*) von Spanien aus durchzusetzen begann, scheint sie ihre ältere Schwester verdrängt zu haben.

Im Gegensatz zu den Doldenblütlern wie Karotte oder Pastinake haben die Wurzelgemüse aus der Korbblütlerverwandtschaft wenig Süße – der Geschmack ist eher nussig. Manche fühlen sich an Austern, an Sonnenblumenkerne und an Artischocken erinnert.

Wenn Sie eine der beiden Wurzelspezialitäten in Ihrem Garten stehen haben, probieren Sie im Frühjahr einmal einen Salat aus den Blättern! Und später können Sie die Blütenknospen, in Butter gebraten, aufs Essen streuen. Die Schwarzwurzel-Blüte riecht übrigens nach Schokolade!

Geschmorte Kerbelrübe mit Fischfilet

2 Fischfilets (Saibling oder Forelle)
2 EL Kräuter (z.B. Petersilie, Thymian), geschnitten
Salz
1 EL Rapsöl zum Ausfetten
2 Handvoll Kerbelrüben
2 EL Butter
1 Bund Kerbelkraut

Filets in acht gleich große Stücke schneiden. Fleischseiten mit geschnittenen Kräutern bestreuen und Filets fleischseitig zusammensetzen. Durch das Garen erwärmt sich das Eiweiß und die Stücke kleben zusammen.
Hautseite der Fischstücke salzen. In eine gefettete Form legen und im vorgeheizten Ofen bei 200 °C 6–8 Minuten braten.
Kerbelrüben schälen, mit Butter, 1 Tasse Wasser und Salz zugedeckt bei mittlerer Hitze bissfest dünsten. Bitte nicht zu lange, es wäre schade um den wunderbaren Geschmack nach Esskastanien, der Kerbelrüben kennzeichnet!
Kerbelrüben und Fischfilets anrichten. Entstandenen Gemüsesaft mit geschnittenem Kerbel aufmixen und über die Knollen gießen, mit viel frischem Kerbelkraut bestreuen.

Tipp

Der Fisch sollte nach dem Braten im Ofen innen noch leicht glasig, nicht ganz durchgebraten sein. Durch kurzes Nachziehen bei offenem Ofen bleibt er saftig.

Eine seltene Delikatesse

Die Kerbelrübe ist bei uns heimisch. In der Küche ist sie dennoch ein sehr seltener Gast, denn wilde Exemplare bilden keine ausreichend großen Knollen aus. Offensichtlich gab es jedoch früher in Mitteleuropa Kultursorten dieses feinen Gemüses. So kaufte der niederländische Gelehrte Clusius im 16. Jahrhundert Kerbelrüben (*Chaerophyllum bulbosum*) auf einem Wiener Markt. Das wissen wir, weil er es als Botaniker gewissenhaft dokumentiert hat.

Nur dank des Engagements einzelner Erhalter, die mittels Auslesezüchtung wieder großknollige Sorten entwickelt haben, ist dieses Gemüse nicht völlig verschwunden. Hier weiterzuarbeiten ist ein lohnendes Betätigungsfeld für gartenbaulich versierte Menschen, denen Vielfalt und Genuss ein Anliegen sind!

Tomatillo-Ragout

2 Handvoll Tomatillos
2 Schalotten
1 kleiner Bund Minze
1 Chilischote
2 Fischfilets (z.B. geschröpfter Karpfen)
Salz
Pfeffer
etwas Butter
4 EL Weintraubenkernöl

Tomatillos aus dem Lampion nehmen und halbieren. Schalotten fein schneiden. Minzeblätter abzupfen. Chili der Länge nach halbieren, entkernen, in feine Streifen schneiden.
Fischfilets entgräten, enthäuten, der Länge nach halbieren. Röllchen formen. Salzen und pfeffern. In einer kleinen gebutterten feuerfesten Form im vorgeheizten Ofen bei 150 °C 8 Minuten garen.
Eine Pfanne erhitzen. Tomatillos, Weintraubenkernöl und Schalotten schwingend rösten, bis sie leicht Farbe annehmen.
Mit einem Schuss Wasser ablöschen und einmal kurz aufkochen lassen.
Vom Feuer nehmen, Minzeblätter und Chili hinzufügen. Durchschwenken und mit den Fischröllchen und dem entstanden Saft anrichten.

Mexikanische Laternchen

Sie gehören wie die Tomaten in die Familie der Nachtschattengewächse, sind aber näher mit den heimischen Lampionblumen und den südamerikanischen Andenbeeren verwandt. Gemeinsam ist ihnen, dass sie ihre Beeren in einem Blattkelch tragen. Bei den Tomatillos (*Physalis ixocarpa*) können diese grün, gelb oder violett sein und so groß werden, dass sie die sie umhüllenden „Lampions“ sprengen. Tomatillos sind in Mexiko in vielen Gerichten zu finden, vor allem gemeinsam mit Chilis als scharfe Salsas. Wer mag, kann sie auch roh probieren. Wir essen sie meist gekocht oder gebraten. Sie haben einen fein-säuerlichen Geschmack, der mit der Reife auch ein wenig Süße gewinnt. Wer das verhindern will, erntet etwas früher.

Grillen und schmoren

Auf der Streuobstwiese im ARCHE NOAH Schaugarten wurde ein Feuer entfacht.

Rezepte zu den gegrillten Paprika und Tomaten finden Sie auf Seite 76.

An einem schönen Augusttag entfachten wir auf der Streuobstwiese im ARCHE NOAH Schaugarten ein großes Feuer. Dann wurde eine kleine Grube ausgehoben und mit Holzglut gefüllt. Dort schmurgelten bald Gemüse vor sich hin, während beim offenen Feuer ein großer Karpfen langsam gar wurde.

Das Grillen, so wurde Hans nicht müde uns zu überzeugen, sollte man nicht als „rasches Erhitzen auf höchstmögliche Temperaturen" verstehen. Es geht auch sanft, quasi „slow", mit viel Glut, über die in ausreichendem Abstand der Rost aufgelegt wird – am besten auf hohen Steinen oder Ziegeln, die rund um die Grillstelle eine Mauer bilden und die Wärme festhalten.

Während wir also entspannt in den Sommergarten schauten, begann es in den gefüllten Gemüsestücken sanft zu köcheln und die Auberginen nahmen goldgelbe Farbe an. Alles schmeckte köstlich, auch ohne schwarze Brandlinien vom glühenden Grillrost oder meterweise Alufolie.

Ähnlich lecker lässt sich Gemüse – wenn die Grillsaison ein Ende hat – auch im Ofen garen, durch langsames Schmoren, Braten und Backen. Eine Auswahl solcher Köstlichkeiten finden Sie ebenfalls in diesem Kapitel.

Schildampfer-Dip für Grillgemüse

2 Handvoll Schildampfer
250 g Sauerrahm (saure Sahne)
250 g Jogurt
Salz

Schildampfer waschen, zupfen, grob zerreißen. Mit Sauerrahm und Jogurt gut vermischen. Wer will, kann den Dip auch mit einem Mixer mixen. Nach Bedarf mit Salz abschmecken.

Tipp

Dieser Dip passt auch herrlich zu frischem, noch knusprigem Brot sowie zu Rohkost!

Blütenbutter

1/2 Packung Butter (125 g)
1–2 Handvoll essbare Blüten (Beispiele für geeignete Blüten finden Sie auf S. 179)
nach Wunsch Salz und/oder Knoblauch

Blüten, Butter und, wenn gewünscht, Salz und Knoblauch vermengen. In einer Schüssel servieren oder zu einer Wurst formen, kalt stellen und dann in kleinen Scheiben anrichten.
Eine wunderbare Ergänzung zu gegrilltem Fisch, Fleisch, Kartoffeln oder Gemüse!

Macht dauerhaft lustig!

Schildampfer (*Rumex scutatus*) wächst bei uns wild. Man findet ihn in den Bergen, über Kalk an Wegrändern und in Geröllhalden. Als Kulturpflanze ist er, wie so viele, durch die Römer in unsere Gärten gekommen. Das Besondere an diesem Ampfer ist, dass er uns das ganze Jahr über feinsäuerliche, fleischige Blätter schenkt, während die Blätter vieler anderer Ampferarten spätestens zur Blüte hin zäh und bitter werden. Ein nettes Gartenplätzchen hat diese anspruchslose Pflanze allemal verdient. Kinder wie Erwachsene lieben es, im Vorbeigehen ein paar saure Blättchen zur Erfrischung abzuzupfen.

Victoria Toribio Valerio probiert den Schildampfer-Dip, Gebhard Kofler und sein Sohn sehen zu.

Auf Besuch im ARCHE NOAH Garten probiert Filmemacherin Karin Berghammer die Winterheckezwiebel.

Gegrillte Winterheckezwiebel mit Ei-Vinaigrette und Wiesenkräutern

3 Eier, hart gekocht
Wiesenkräuter, z.B. Dost, Spitzwegerich, Schafgarbe, Wiesensalbei, Pimpernelle
1 Schuss Weinessig (oder ein anderer milder Fruchtessig)
3 Schuss Rapsöl
Salz
2 Bund Winterheckezwiebeln (alternativ: Frühlingszwiebeln)

Eier kleinwürfelig schneiden und mit gehackten Wiesenkräutern vermischen. Essig und Öl dazugeben, nach Bedarf salzen. Gut verrühren und in einer Schüssel anrichten.
Winterheckezwiebeln auf dem Rost grillen, in Vinaigrette tunken und verspeisen!

Kartoffeln und Zwiebeln in Lehm

Kartoffeln, mittelgroß
Gartenzwiebeln mit Stängelansatz, mittelgroß, frisch geerntet
Lehm oder lehmige Erde

Kartoffeln und Zwiebeln in Lehm einpacken. Bei den Zwiebeln darauf achten, dass sie am Hals gut mit Lehm bedeckt sind. In der Glut unter dem Grillrost versenken.
Kartoffeln ca. 40 Minuten garen. Die Zwiebeln sind fertig, wenn der Saft beim Stängelansatz zu köcheln beginnt (nach ca. 40–50 Minuten). Vorsichtig aufschlagen und genießen!

Gegrillte Paprika

Paprikaschoten (nach Geschmack mild oder scharf)
Schafkäse (z.B. Feta)
Olivenöl
Basilikumspitzen oder -blätter

Paprika halbieren und mit würfelig geschnittenem Schafkäse füllen. Mit Olivenöl beträufeln, mit Basilikum garnieren und auf dem Rost grillen.

Gegrillte Tomaten

Verschiedene Gartentomaten – eher klein, aber groß genug, um nicht durch den Grillrost zu fallen – auflegen. Hin und wieder wenden, bis sie warm und weich sind – schmeckt köstlich!

Grillkarpfen à la Save-Auen

1 Karpfen (ca. 1,5 kg)
Wiesenthymian
Rosmarin

Karpfen von der Bauchseite her halbieren, aber nicht ganz durchschneiden, auseinanderklappen und mit Kräutern spicken. In einen Neptunspieß oder in eine gesäuberte Heugabel „einfädeln".
Den Spieß oder den Stiel der Gabel schräg in den Boden rammen und mit einem Stein unterstützen, so dass der Fisch ungefähr 50 cm Abstand zu den Flammen hat.
Beginnend mit der Hautseite ca. 20 Minuten braten. Spieß drehen und die Karpfeninnenseite weitere 15–20 Minuten übers Feuer halten.

Tipp

Der Karpfen sollte leicht gebräunt sein, nicht schwarz. Zu Beginn des Bratens wird das Fleisch ganz weich, in fertig gebratenem Zustand ist es wieder fester und beim Andrücken ist Widerstand zu spüren. Besser nicht warten, bis der Fisch ins Feuer fällt ...

Ein echter Gabelbissen

Diese wunderbar archaische Grillmethode lernten wir bei einer Saatgut-Sammelreise in den kroatischen Save-Auen in den 1990er Jahren kennen, wo wir auf solch einen köstlichen Karpfen am Neptunspieß eingeladen wurden. Wir haben im ARCHE Schaugarten ersatzweise eine Heugabel genommen. Vorher sind leider noch ein Mitarbeiter und ein neugieriger Gartengast über die vorbereitete Gabel gestolpert. Aber auch mit einigen Gras- und Erdresten versehen schmeckte der edle Fisch herrlich ...

Gegrillte Auberginen mit Malabarspinat-Tomaten-Sauce

4 Auberginen, mittelgroß (hier „Kecskemetilida", „Italian Pink Bicolor" und die orange „Äthiopische Eierfrucht")
1 Tomate, mittelgroß, sehr reif
3–4 Ranken Malabarspinat
Salz
1 Schuss Olivenöl

Auberginen in 1 cm dicke Scheiben schneiden und auf dem Rost grillen.
Tomate mit der Gabel zerdrücken, Malabarspinat grob schneiden und daruntermischen.
Salz und Öl hinzufügen. Sauce mit den Auberginen anrichten.

Balkonspinat

Er wird auch Ceylon-Spinat, Indian und Chinese Spinache genannt. Alle diese Namen deuten auf die Region hin, in denen Malabarspinat (*Basella alba*) gerne genutzt wird.

Die Pflanze ist nicht mit Spinat verwandt. Wie dieser eignet sie sich jedoch für Salate – die Blätter schmecken nach jungen Maiskölbchen! – sowie Dunstgemüse. Allerdings sind die in den Blättern enthaltenen Schleimstoffe, die beim Kochen freigesetzt werden, für unsere Gaumen etwas gewöhnungsbedürftig. In der asiatischen Küche hingegen wird genau diese Eigenschaft des Malabarspinats zum Andicken von Suppen und Currys sehr geschätzt.

Aus mitteleuropäischer Sicht bemerkenswert ist seine Eignung als attraktive langrankende Topfpflanze für Zimmer und Balkone. Ab und zu schneidet man ihn dann quasi in den Topf hinein zurück – und genießt!

Äthiopische Eierfrucht

Solanum aethiopicum ist eng mit der Aubergine verwandt. In Asien und im tropischen Afrika werden die hübschen, oft orangefarbenen, kleinen runden Früchte gerne reif oder unreif, gekocht oder roh gegessen und die Blätter als Spinat genutzt. Ihre leichte Bitterkeit wird dabei durchaus geschätzt. Und das zu Recht: Die Bitterstoffe wirken auf die Leber anregend und sind verdauungs- und gesundheitsfördernd. Daher wird die Aubergine in Afrika auch als Heilpflanze verwendet.

Buntes geschmortes Wurzelgemüse

Ca. 1 kg Wurzelgemüse, mittelgroß, gemischt (Karotten/Möhren, Petersilienwurzel, Pastinaken, Sellerie, Rote Bete etc.)
reichlich Olivenöl
1 EL Salz, grobkörnig

Wurzelgemüse gut bürsten und waschen, samt Schale in eine feuerfeste Form legen. Eventuell in gleich große Stücke schneiden. Mit Olivenöl und grobkörnigem Salz bestreuen.
In den auf 200 °C aufgeheizten Ofen bei Ober-/Unterhitze auf die unterste Schiene stellen.
Wenn das Gemüse zu braten beginnt, tritt der Saft aus und beginnt leicht zu karamellisieren. Dann das Gemüse unverzüglich mit etwas Wasser untergießen. Immer wieder mit dem entstandenen Bratensaft übergießen. Schmoren lassen, bis das Gemüse weich ist (ca. 1 Stunde).

Tipp
Es muss ständig bodenbedeckend Flüssigkeit in der Bratenwanne sein, da sonst wertvolle Inhaltsstoffe verbrennen. Und der hocharomatische Gemüsesaft wäre auch weg!

Zweifarbiges Kartoffelgratin Dauphinoise

1 kg Kartoffel, speckig, gemischt, gelb und blau
1/4 l Obers (Sahne)
1/8 l Milch
etwas Salz
Butter für die Form
1 Apfel, säuerlich
etwas Thymian, gerebelt

Kartoffeln waschen, schälen und in 2 mm dünne Scheiben schneiden (blättrig).
Obers, Milch und Salz zum Kochen bringen.
Gratinform mit Butter ausstreichen. Abwechselnd Reihen mit blauen und gelben Kartoffeln legen. Dazwischen immer wieder kleine Apfelspalten (samt Schale) stecken. Mit dem aufgekochten Obers-Milch-Gemisch übergießen.
Im vorgewärmten Ofen bei 160 °C ca. 30 Minuten backen.

Variante

Die tolle geschmackvolle Kruste bildet sich auch ohne Käse – aber zur Abwechslung ist die folgende Varianten auf jeden Fall einen Versuch wert: Bergkäse oder Parmesan reiben. Kartoffeln und Äpfel in Schichten legen. Immer zwischen zwei Schichten Kartoffeln eine dünne Schicht Käse streuen. Die oberste Schicht ist ebenfalls Käse.

Kardonengratin

4 Kardonenstiele, mittelgroß
Saft einer Zitrone
2 EL Butter und Butter für die Form
etwas Olivenöl
1 EL Mehl
1 Tasse Milch
Salz
2 EL Bergkäse, würzig, gerieben
2 Dotter
4 EL Bröseltopfen (gut abgetropfter, trockener Quark)

Kardonenstiele entblättern und Fäden abziehen wie bei Rhabarber. Die weiße, pelzige Haut mit einer Bürste abreiben (sie enthält Bitterstoffe).
In ca. 10 cm lange Stücke schneiden, mit Zitronensaft einreiben. In eine gebutterte Bratpfanne schichten, mit Olivenöl kräftig beträufeln und im Ofen bei 140 °C Unter-/Oberhitze ca. 20 Minuten braten.
Wenn sich die Bratrückstände zu bräunen beginnen, mit einem kräftigen Schuss Wasser ablöschen und weiter garen lassen.
Butter in einem Topf schmelzen, Mehl hinzufügen, mit einem Schneebesen kurz glatt rühren, einmal kurz aufschäumen lassen ohne zu bräunen. Mit Milch aufgießen.
Unter ständigem Rühren zum Kochen bringen. Hitze reduzieren und ein paar Minuten köcheln lassen, damit sich die Stärke des Mehls auflösen kann. Mit Salz und Käse würzen. Topf vom Herd nehmen, Dotter einrühren.
Sauce über die gegarten Kardonenstiele gießen, mit Bröseltopfen bestreuen und im Ofen bei 220 °C Oberhitze gratinieren.

Tipp

Durch das Einreiben mit Zitronensaft, das Beträufeln mit Olivenöl (auch dieses enthält Säure) und die Hitze im Ofen wird ein Verfärben der Kardonen verhindert.

Kardone (*Cynara cardunculus*)

Die Kardone oder Cardy ist die „Schwester" der Artischocke, bei der die gebleichten, dickfleischigen Blattstiele genutzt werden. Trotz ihres unvergleichlichen Geschmacks ist sie leider bei uns noch immer viel zu selten auf Märkten zu finden. Am Genfer See hat diese Delikatess-Pflanze jedoch bereits eine jahrhundertelange Tradition und wird gerne zu den Weihnachtsfeiertagen aufgetischt. Angeblich schmecken die stacheligen Sorten besonders gut. Wer das weiß, zieht zum Schälen gerne Handschuhe an ...

Füllen und einhüllen

Früchte der
Scheibengurke

Oben: Blühende Karotte. Mitte: Mangold. Unten: Kalebassen.

Bei den folgenden Rezepten ist Gemüse die manchmal scharfe, manchmal zarte, aber immer köstliche und dekorative Hülle. Gemüse und Obst wird aber auch selbst eingewickelt, verpackt und verbacken.

Im ARCHE NOAH Schaugarten hüllen wir übrigens manchmal ganze Pflanzen ein – im Bild oben sehen Sie blühende Karotten (Möhren) in einem Vliestunnel. So können wir bei der Saatguternte sicher sein, dass es zu keiner Verkreuzung zwischen verschiedenen Sorten durch Bestäuber-Insekten gekommen ist, die im Garten von einer Blüte zur anderen fliegen. Wir bauen den Pflanzen kleine Häuser aus durchlässigem Vlies und setzen Schwebfliegen und andere Insekten dort ein, damit sie ihre Bestäubungsarbeit durchführen können, auf die die Pflanzen angewiesen sind.

Gefüllte Scheibengurke mit bunter Johannisbeersauce

2 Stück Lammlungenbraten (Lammfilet, ca. 120 g) oder feines Lammfaschiertes (Lammhack)
1 Zwiebel, mittelgroß
4 EL Olivenöl
2 Scheiben Toastbrot
Oregano
Salz
Pfeffer aus der Mühle
12 Scheibengurken, mittelgroß

Für die Johannisbeersauce
4 Handvoll Ribiseln (Johannisbeeren), bunt gemischt, rosa, gelb, rot
1 TL Butter

Lungenbraten mit einem Messer fein hacken. Zwiebel in Olivenöl anschwitzen, würfelig geschnittenes Toastbrot dazugeben und kurz mitrösten. Masse erkalten lassen, frisch gerebelten Oregano und fein gehacktes Fleisch untermischen. Mit Salz und Pfeffer aus der Mühle würzen, gut durchrühren. Scheibengurken halbieren – nicht ganz durchschneiden – und aufklappen, Samen entfernen und mit der Masse füllen. Im vorgeheizten Ofen ca. 10 Minuten bei 200 °C backen.
Für die Sauce die vom Stängel befreiten Beeren mit Butter vorsichtig erwärmen (ca. 40 °C) und 5 Minuten ziehen lassen. Neben den Scheibengurken anrichten und servieren. Sie verleiht dem Gericht eine angenehm säuerliche Note.

Tipps

- Gefüllte Scheibengurken kann man auch sehr gut auf dem Rost über Glut grillen.
- Bei zu starkem Erhitzen der Ribiseln wird die Säure sehr dominant. Deshalb sollte man die Beeren nur bei niedrigen Temperaturen, nicht mehr als 40 °C, erwärmen.

Die in den Himmel rankt

Nein, das ist keine Übersetzung eines indianischen Pflanzennamens – obwohl das gut sein könnte. Denn diese wunderbare Rankpflanze aus der Familie der Kürbisgewächse mit ihren wohlschmeckenden und witzig aussehenden Früchten wurde von Indianern der südamerikanischen Anden in Kultur genommen. Sie heißt auf Quechua „achuqcha" oder „kaywa", und wird im Deutschen als Scheibengurke oder Inka-Gurke bezeichnet. Der lateinische Name lautet *Cyclanthera pedata*.
Wie wir dann auf diese Bezeichnung kommen? Ganz einfach: weil wir die Pflanze damit sehr treffend charakterisiert finden. Nach monatelanger „Ranktätigkeit" wachsen meist im August die ersten Früchte zu nennenswerter Größe heran. Unreif kann man sie roh oder als (Misch-)Gemüse essen. Die reifen Früchte hingegen sind hohl und sehr gut zu füllen, garen rasch und umhüllen die Füllung mit feinem Gurkengeschmack! In Südamerika werden auch die Blätter roh oder gekocht verwendet – bitte ausprobieren!

Gefüllte Tomaten

6 Fülltomaten (hier die Sorten „Red Cavern", „Yellow Stuffer" oder „Red Stuffer")
4 EL Olivenöl
1 Tasse Schafkäse (z.B. Feta)
12 Salbeiblätter

Tomaten halbieren und mit einem Suppenlöffel entkernen. Das Innere der Tomaten mit einer Gabel zerdrücken und mit etwas Olivenöl vermischen. Würfelig geschnittenen Schafkäse untermischen und mit einem Suppenlöffel in die halbierten Früchte füllen. Mit kurz im restlichen Olivenöl gebratenen Salbeiblättern garnieren.
Auf dem Backblech im vorgeheizten Ofen 7 Minuten bei 200 °C backen. Der Schafkäse soll angegart (lauwarm) sein. Die Tomaten dürfen nicht zu weich sein bzw. zerfallen, sonst schmecken sie nicht mehr.

Variante
Wenige Minuten auf dem Rost grillen.

Zum Füllen gemacht

Wer alte Sorten erhalten will, muss auch das Wissen lebendig erhalten, wie man damit kocht, und es weitergeben. Das ist ein wichtiger Hintergrund und ein großer Teil der Motivation, warum wir dieses Kochbuch zusammengestellt haben.

Am Beispiel der Fülltomate lässt sich das gut zeigen: Wer so eine Pflanze in seinem Garten hegt und pflegt, gespannt auf die ersten reifen Früchte wartet, diese dann endlich erntet und erwartungsvoll hineinbeißt – kann nur enttäuscht werden! Sowas Trockenes, mit so wenig Süße und Säure, baut niemand mehr an. Dabei sind gerade das die Stärken der Sorten, die eigens zum Füllen gezüchtet wurden. Mit ihren dicken, trockenen Wänden zerfallen sie beim Garen nicht. Zudem sind sie von vorneherein fast hohl. Das ist ebenso praktisch wie das Ergebnis gut schmeckt, probieren Sie es aus! Und nicht zuletzt zählen manche Fülltomaten mit ihren dunkelroten und leuchtendgelben, manchmal sogar gestreiften Früchten zu den optisch attraktivsten Sorten.

Frittierte Fülltomaten auf Malabarspinat-Sauce

1 Handvoll Malabarspinatblätter
1 Spritzer Zitronensaft
2 EL Olivenöl
Salz
4 Fülltomaten (z.B. „Red Cavern", „Yellow Stuffer" oder „Red Stuffer")
etwas Mehl zum Wenden
4 Tassen Sonnenblumenöl

Für den Backteig
2 Eier
1 Tasse Eiswasser (kaltes Wasser mit Eiswürfeln)
1/2 Tasse Mehl, griffig (Dunstmehl)
Salz

Malabarspinatblätter schneiden, mit etwas Wasser mit einem Stabmixer fein pürieren. Eventuell durch ein Sieb streichen. Mit Zitronensaft, Olivenöl und Salz abschmecken.
Eier trennen. Eiswasser mit Dottern, griffigem Mehl und Salz zu einem glatten Teig verrühren. Eiweiß mit einer Prise Salz zu Schnee schlagen. Unter den Teig heben.
Fülltomaten in fingerdicke Scheiben schneiden, in Mehl wenden, abklopfen und durch den Backteig ziehen. Abtropfen lassen und in heißem Sonnenblumenöl rasch schwimmend backen, bis sie goldgelb sind.
Gebackene Fülltomatenscheiben mit der Malabarspinatsauce anrichten.

Tipp

Auch Fülltomaten enthalten viel Wasser. Werden sie zu lange erhitzt, läuft das Wasser aus und der knusprige Teig wird weich.

Variante

Auch andere Saucen passen sehr gut zu diesem Gericht, z.B. eine Jogurt-Kräuter-Sauce.

Ein Dank an Tom Wagner

Diese Rezeptidee stammt von Tom Wagner, einem freien Züchter aus Washington, der im Laufe seines Lebens eine unglaubliche Vielfalt an Tomaten- und Kartoffelsorten entwickelt hat. Das Saatgut seiner Züchtungen gibt er entsprechend seiner Philosophie an interessierte Menschen freizügig weiter. Im Alter von 16 Jahren züchtete er seine wohl berühmteste Tomatensorte, die „Green Zebra".

In Polenta gebratene Kürbisblätter

150 g Polentagrieß
2 EL Butter
Salz
3 EL Ziegenhartkäse, gerieben
12 Kürbisblätter mit Stiel
1 Ei
Polentagrieß zum Panieren
4 EL Olivenöl
Zucchini- oder Kürbisblüten zum Garnieren

Polenta in Butter kurz anschwitzen, mit Wasser (Verhältnis 1:2) aufgießen, salzen und zugedeckt ziehen lassen, Käse einrühren.
Kürbisblätter waschen. Mit einem Löffel die cremige Polenta auf den Kürbisblättern verteilen (ca. 2 EL pro Blatt, je nach Größe). Kürbisblätter zu Täschchen einschlagen.
Ei verquirlen, Kürbisblatt-Täschchen darin eintauchen, in ungekochtem Polentagrieß wälzen.
Kürbisblatt-Täschchen in Olivenöl bei mittlerer Hitze goldgelb braten. Anrichten und mit Blüten garnieren.

Kürbis einmal ganz anders

Vor vielen Jahren war eine Gruppe von Agrar-WissenschaftlerInnen aus Pakistan und mehreren afrikanischen Ländern im ARCHE NOAH Schaugarten zu Besuch. Angesichts der Pflanzenfülle gab es regen Austausch über die Nutzung der verschiedenen Gemüse in den jeweiligen Ländern und am Abend wurde gekocht. Dabei gab es knusprig gebratene und auch zu Spinat verarbeitete Blätter von Flaschenkürbissen. Wir haben es hier mit gefüllten gebratenen Kürbisblättern versucht – und finden das Ergebnis sehr überzeugend!

Gefüllte Glockenpaprika mit Bulgur

12 Glockenpaprika
1 Tasse Bulgur
2 EL Olivenöl
Saft einer Zitrone
Salz

Für das Pesto
2 Bund Petersilie
4 EL Olivenöl
1 EL Pecorino, gerieben

Stielansatz der Paprikaschoten abkappen, Kerngehäuse entfernen.
Bulgur mit 1 EL Olivenöl in einem Kochtopf anschwitzen, bis die Körner glasig sind. Mit 2 Tassen Wasser aufgießen, aufkochen, umrühren und zugedeckt bei schwacher Hitze ziehen lassen, bis das Wasser aufgesogen ist.
Petersilienblätter abzupfen. Einige zur Seite legen, Rest fein schneiden und in einem schmalen Gefäß mit Olivenöl mit einem Stabmixer pürieren. Käse unterrühren.
Paprikaschoten in eine ofenfeste Pfanne geben, mit restlichem Olivenöl beträufeln und im vorgeheizten Ofen bei 180 °C braten lassen, bis sie leicht Farbe angenommen haben.
Paprika herausnehmen und warm stellen. Petersilienpesto hineinfüllen.
Bulgur mit restlichen gezupften Petersilienblättern und Zitronensaft abschmecken und, wenn gewünscht, salzen. Gefüllte Paprika darauf anrichten.

Variante

Glockenpaprika kann man auch mit Fleisch, Reis, Schafkäse oder anderen leckeren Zutaten füllen. Ihre feine, aromatische Schärfe gibt vielen Gerichten den richtigen Pepp!

Tipp

Die Scheidewände der Frucht und die Samen sind Träger der Schärfe. Wenn man sie entfernt, wird die Frucht milder.

Scharfe Glocken

D Sie gehören zu einer eigenen Paprika-Art (*Capsicum baccatum* var. *pendulum*) mit Heimat in Peru oder Bolivien und sind an ihrer hübschen Fruchtform leicht zu erkennen: die Glockenpaprikas. Die Pflanzen werden recht hoch, lassen sich gut im Kübel kultivieren und sogar überwintern – und sind dabei äußerst dekorativ!

Die Früchte haben einen sehr eigenen, fruchtigen Geschmack und werden in Südamerika für spezielle Gerichte und Saucen (Salsas) verwendet. Sie lassen sich auch gut trocknen und zu Chilipulver vermahlen, das besonders schöne, leuchtende Farben hat.

Emmerreis in buntem Mangold

Für die Füllung
100 g Zwiebeln
Öl zum Anschwitzen
250 g Emmerreis
50 g Bergkäse
3 Mangoldblätter mit Stiel

Zum Einhüllen
4 rote Mangoldblätter mit Stiel
(z.B. „Red Stem Purple Leave“)
4 gelbe Mangoldblätter mit Stiel
(z.B. „Bright Yellow“)
4 grüne Mangoldblätter mit Stiel
(z.B. „Grüner Schnitt“)

Für die Sauce
2 Tomaten, reif
etwas Olivenöl
Salz

Zwiebeln mit Öl in einer Pfanne anschwitzen.
Emmerreis dazugeben und glasig anschwitzen.
Mit doppelter Menge Wasser aufgießen, 1 Minute köcheln und dann zugedeckt ziehen lassen, bis es gar ist.
Bunte Mangoldblätter blanchieren, in Eiswasser abschrecken, auf einem Tuch abtrocknen lassen.
Zum gedünsteten Emmerreis kleinwürfelig geschnittenen Bergkäse beimengen. Mangoldblätter für die Füllung klein schneiden. In die heiße Emmermasse einrühren und ziehen lassen.
Tomaten in grobe Stücke schneiden, mit Olivenöl in der Pfanne schmoren lassen und leicht salzen.
Emmer-Mangold-Masse mit einem Suppenlöffel auf den blanchierten Blättern verteilen und von der Spitze weg bis zum Stielansatz einrollen. Falls der Stiel zu fest ist, einfach mit einem Messergriff durch kurzes Klopfen abflachen.
Mangoldröllchen mit Tomatensauce auf Tellern anrichten.

Variante
Sehr gut gelingt dieses Gericht auch mit Dinkel-, Einkorn- oder Vollkornreis.

Gefüllte Teigtaschen mit Roter Melde und Kartoffeln

4 Kartoffeln
1 Zwiebel, mittelgroß
2 EL Butter
3 Handvoll Rote Gartenmelde
Öl zum Braten
4 EL Jogurt zum Garnieren
Gartenmeldeblätter zum Garnieren

Für den Strudelteig
150 g Mehl
1 Eiweiß
5 EL Öl
Mehl zum Bemehlen
Öl zum Beträufeln und Bestreichen
4 EL Butter zum Beträufeln

Für den Strudelteig mit der Hand Mehl, Eiweiß und Öl vermengen. Nach Bedarf nach und nach etwas Wasser hinzufügen und rasch durchkneten, bis alles zu einem weichem Strudelteig verarbeitet ist. Teig mindestens 30 Minuten ruhen lassen.
Kartoffeln schälen, würfelig schneiden und mit Wasser bedeckt kochen. Fein geschnittene Zwiebel in Butter scharf anrösten, Kartoffelwürfel dazugeben und abbrennen.
Die abgezupften Blätter der Gartenmelde hinzufügen. Blattstiele fein schneiden und ebenfalls kurz mitrösten.
Strudelteig auf einer bemehlten Fläche etwas ausrollen. Mit Öl beträufeln, mit der Hand leicht damit einstreichen, damit er beim Ziehen nicht reißt. Zunächst über dem Handrücken in der Luft ausziehen, dann auf einem bemehlten Geschirrtuch ablegen und an den Rändern vorsichtig weiter ausziehen, bis er durchsichtig wird (auf ca. 40 x 60 cm Fläche).
Teig kurz trocknen lassen, in 12 rechteckige Stücke schneiden. Kleine Häufchen Füllung auf die Teigstücke setzen. Teigstücke am Rand mit zerlassener Butter beträufeln, zusammenschlagen und gut andrücken.
Teigtaschen in einer Pfanne mit etwas Öl auf beiden Seiten goldbraun braten. Anrichten, mit Jogurt und frischen Gartenmeldeblättern garnieren.

Omelett mit Roter Melde

4 Handvoll Rote-Melden-Blätter
2 EL Butter
8 Eier

Meldenblätter waschen, abtropfen lassen.
Butter in der Pfanne zergehen lassen, bis sie zu schäumen beginnt. Die gut verquirlten Eier hineingießen.
Rasch ein Viertel der Meldenblätter auf der Oberfläche verteilen. Pfanne leicht schräg halten und Omelett mit Hilfe eines Küchenspachtels zusammenklappen.
Anrichten und falls gewünscht im Ofen bei 70 °C warm stellen.
Die drei anderen Omeletts auf die gleiche Weise zubereiten.

Haferwurzeltaschen mit Hokkaidosauce

Für die Hülle
2 Handvoll Mehl
1 Ei
3 EL Olivenöl
Salz
Mehl für die Arbeitsfläche

Für die Füllung
2 EL Mehl
1 Handvoll Haferwurzeln
Butter zum Andünsten
1 Kartoffel, mittelgroß, mehlig
1 Dotter
Salz

Für die Sauce
1 Hokkaidokürbis, klein
(ca. faustgroß)
3 Schalotten
1 EL Butter
Salz
Spritzer Zitronensaft

Für die Hülle Mehl, Ei, Olivenöl und Salz miteinander vermengen und rasch zu einem glatten Nudelteig verkneten. In Folie einpacken und ruhen lassen.
Für die Füllung Mehl in 1 l Wasser verrühren. Haferwurzeln mit einem Hufeisenschäler (scharfer Gemüseschäler) schälen, in Mehlwasser einlegen (siehe S. 182).
In kleine Stückchen schneiden, in etwas Butter kurz andünsten. Mit Wasser aufgießen, bis sie gut bedeckt sind.
Würfelig geschnittene Kartoffel hinzufügen. So lange einkochen lassen, bis sie gar sind und der Saft völlig verdampft ist. Kartoffelwürfel und Haferwurzeln mit einer Gabel zerdrücken, auskühlen lassen. Mit Dotter binden, würzen und glatt rühren.
Kürbis halbieren, entkernen und kleinwürfelig schneiden. Mit fein gewürfelten Schalotten in Butter anschwitzen. 1 Tasse Wasser aufgießen, weich dünsten. Mit einem Stabmixer pürieren, salzen und mit Zitronensaft verfeinern.
Nudelteig auf einer bemehlten Arbeitsfläche oder mit der Nudelmaschine dünn ausrollen. In 10 × 10 cm große Quadrate schneiden.
Füllung in die Mitte setzen. Teigränder mit Wasser bestreichen. Die Spitzen über der Füllung zusammendrücken. Teigränder längs aneinanderdrücken, sodass kleine geschlossene Täschchen entstehen.
In Salzwasser kochen, bis sie an die Oberfläche steigen und zugedeckt drei Minuten ziehen lassen. Haferwurzeltäschchen mit Hokkaidosauce anrichten.

Tipp

Reizvoll ist es, rohe Hokkaidospäne über die gekochten Täschchen zu streuen. Die Verbindung aus gekochtem und rohem Hokkaido ergibt eine besonders spannende Kombination.

Zu Suppe und Sauce kochen, pürieren und zerstampfen

Babys lieben Brei. Der Putto beim Eingang zum ARCHIE NOAH Schaugarten.

In diesem Kapitel kommen auch hart arbeitende Männer auf ihre Kosten.

Jetzt wird's „mollig". Über Püree und Mus scheiden sich meist die Geister in solche, die alles Breiige lieben und sich wie im Schlaraffenland darin eingraben wollen und jene, die diese Konsistenz in die Babyzeit verbannt wissen möchten.

Erstere kommen in diesem Kapitel sowieso auf ihre Kosten. Die anderen seien auf ein Gericht besonders hingewiesen, das einstmals auch hart arbeitende Männer stark gemacht hat: Das hier nach 2000 Jahre alten Funden nachgekochte „Hallstädter Ritschert" gehört wohl zu den ältesten Rezepten des Alpenraums. Überliefert wurde es in Form von Essensresten auf dem Kochgeschirr der eisenzeitlichen Salzbergwerksknappen, die diesen deftigen Eintopf damals im Berg aus drei wichtigen Nahrungspflanzen – Saubohne, Hirse und Gerste – zubereiteten.

Diese Speise gibt Kraft, auch wenn man sie, wie wir, ohne Fleisch zubereitet. Gewürzt haben die Knappen übrigens, soweit wir wissen, vor allem mit Bärlauch!

Althallstätter Ritschert

1 Tasse Ackerbohnen (Kleine Dicke Bohnen, Pferdebohnen, *Vicia faba* minor oder andere Trockenbohnen)
4 Zweige Bohnenkraut
1 Tasse Schälgerste
1 Tasse Hirse
4 El Öl
1 EL Mehl
1 Bund Winterheckezwiebel
Prise Salz
Pfeffer, frisch gemahlen
1 Bund Bärlauch

Bohnen über Nacht einweichen. Wasser abgießen, Bohnen mit Bohnenkraut ohne Zugabe von Salz weich kochen. Schälgerste kochen.
Hirse in 2 EL Öl anschwitzen, mit der doppelten Menge Wasser aufgießen, 2–3 Minuten aufkochen und dann zugedeckt weich ziehen lassen.
Restliches Öl erwärmen, Mehl unter ständigem Rühren leicht bräunen. Mit Bohnenkochwasser aufgießen, gut durchkochen.
Bohnen, Hirse, Gerste und die in Ringe geschnittene Winterheckezwiebel hinzufügen. Gemeinsam gut durchkochen lassen, bis eine cremige Konsistenz entsteht.
Salzen, pfeffern. Bärlauch fein schneiden und vor dem Servieren einrühren.

Varianten

- Statt Bärlauch lässt sich auch Petersilie und Schnittlauch verwenden.
- Statt mit Winterheckezwiebeln lässt sich das Gericht auch mit normalen Zwiebeln zubereiten.

Hirse, Saubohne, Gerste

Aus diesen Grundzutaten lässt sich auch heute noch ein, wie wir finden, sehr leckeres Eintopfgericht zubereiten! Näheres über die Geschichte des Ritscherts erfahren Sie am Kapitelanfang, die Ackerbohne haben wir auf Seite 42 kurz portraitiert.

Püree aus Wachtelbohnen

2 Tassen Wachtelbohnen
4 Zweige Bohnenkraut
2 Schuss Olivenöl
Salz
8–12 essbare Gemüseblätter aus dem Garten (z.B. Zucchiniblätter, Salatblätter)

Tipp

Es muss kein perfektes Püree entstehen, es geht nur um die Bindung. Man darf ruhig noch Bohnenstückchen zwischen den Zähnen haben!

Variante

1 Aubergine in dünne Scheiben schneiden, kurz mit etwas Olivenöl anbraten und die Ringe damit auslegen.

Bohnen über Nacht in der vierfachen Menge Wasser einweichen. Dann im Einweichwasser ohne Zugabe von Salz bei schwacher Hitze weich kochen.
Wenn nötig, mehr Wasser hinzufügen, die Bohnen sollten beim Kochen immer mit Flüssigkeit bedeckt sein. Verbleibendes Bohnenwasser aufbewahren.
Bohnen mit einem spiralförmigen Schneebesen, einem Kartoffelstampfer oder Ähnlichem in einer Schüssel zerstampfen. Nach Bedarf Bohnenwasser hinzufügen.
Bohnenkraut abrebeln, mit Olivenöl einrühren. Probieren und dann erst salzen.
4 Metallringe mit Blättern auskleiden, nach Bedarf zurechtschneiden. Püree in die Formen füllen, auf die Teller stellen und die Ringe dann vorsichtig entfernen.

Lob der Bohne

Trockenbohnen waren in manchen Gegenden Österreichs noch im letzten Jahrhundert allgegenwärtig. Die Volkskundlerin Dr. Anni Gamerith berichtete in den 1950er Jahren aus der Südoststeiermark: „Bohnen, nur mit Essig angemacht, waren die übliche Vorricht des Abendessens. [...] Des Morgens kochte man schon den Häfen mit den Bohnen für den ganzen Tag mit.“

Das klingt wenig lukullisch ... Und diese kollektiven Eintönigkeits-Erinnerungen mögen ein Mitgrund dafür sein, dass sich Trockenbohnen heute erst wieder einen guten Ruf erobern müssen. Andererseits lässt sich das Motto „Fleisch ist mein Gemüse“ heute so einfach und, bei geringen Ansprüchen, auch so kostengünstig umsetzen, dass die Bohne als wichtige Eiweißquelle in der Ernährung scheinbar keinen Platz mehr hat.

Einem Vorurteil muss man jedenfalls entgegentreten: Blähungen. Denn ob diese auftreten oder nicht, hängt auch von der richtigen Zubereitung ab (Genaueres dazu gibt es im Kapitel Küchentipps & Bezugsquellen, S. 182). Außerdem gewöhnt sich unsere Verdauung gerne an die feinen Bohnen, sofern wir ihr dazu Gelegenheit geben.

Die in diesem Rezept verwendeten Wachtelbohnen sind meist ähnlich einem Wachtelei gesprenkelt. Sie werden auch „Borlotti“- oder „Kiebitzbohnen“ genannt und es gibt oder gab von ihnen eine Fülle regionaler Landsorten. Wie zum Beispiel die sogenannten „Monstranzbohnen“ mit ihrer schönen Nabelzeichnung, die je nach Sorte an Tiere, menschliche Figuren oder eine katholische Monstranz erinnern (siehe Bild S. 110 links unten). Vor allem die buntsamigen Typen erhält man fast nicht mehr, obwohl diese oft geschmackvoller als die weißsamigen sind. Auf regionalen Bauernmärkten werden sie am ehesten zum Verkauf angeboten, hier auch im bereits vorgequollenen oder noch teigreifen Zustand, damit das Kochen schneller geht. Beim Kochen wird die Bohnenfarbe schwächer, es gibt jedoch auch Sorten mit „farbechten“ Bohnen.

Blaue Kartoffelsuppe

2 Handvoll blaue Kartoffeln
1 rote Zwiebel, mittelgroß
Öl zum Anschwitzen
2 Gewürznelken
1 Lorbeerblatt
Salz

Kartoffeln waschen, schälen, in kleine Stücke schneiden. Zwiebel klein schneiden, in Öl anschwitzen, Kartoffeln hinzufügen.
Mit Wasser aufgießen, Gewürznelken und Lorbeerblatt dazugeben und weich kochen. Wenn die Kartoffeln weich sind, Lorbeerblatt und Gewürznelken herausnehmen. Mit einem kräftigen Schneebesen aufschlagen oder kurz mit dem Stabmixer pürieren. Salzen.

Tipp

Als Garnitur dünn geschnittene, gebratene Kartoffelscheiben und gebratenen Thymian verwenden!

Über das Violette

Eine violette Suppe kommt Ihnen schräg vor? Aber warum eigentlich? Violette, schwarze und blaue Speisen müssen wir scheinbar erst persönlich vorgestellt bekommen, um ihnen zu trauen. Da haben wir mit roten, gelben und grünen Farben im Essen weniger Probleme. Neben kulturellen Gründen liegen hier vielleicht auch instinkthafte Einschätzungen zugrunde. Da liegt etwas Schwarz-Violettes auf dem Teller – Achtung, das könnte verdorben oder giftig sein!

Dabei sind violette Früchte, besonders bei den Nachtschattengewächsen wie Tomate, Kartoffel oder Aubergine durchaus nichts Seltenes oder Exotisches. Jedenfalls nicht exotischer als die Gemüse an sich, die ja aus Südamerika und Indien zu uns gekommen sind. Bilder und Berichte aus der Zeit der Einführung der Kartoffeln in Europa, und auch noch Gartenbücher bis ins 19. Jahrhundert, belegen violette Sorten genauso wie gelbe, weiße und rote.

Das Violett wird durch natürliche Pflanzenfarbstoffe, die Anthocyane, hervorgerufen, denen im menschlichen Körper eher günstige Wirkungen nachgesagt werden. So sollen sie freie Radikale binden und dadurch DNA sowie Lipide und Kohlenhydrate vor Schädigung schützen, die Sehvorgänge verbessern, entzündungshemmend und gefäßschützend wirken.

Erbsen-Kartoffel-Suppe mit Liebstöckel und Limette

2 Kartoffeln, mittelgroß
1 Zwiebel, mittelgroß
1 Liebstöckel-Zweig zum Mitkochen
2 EL Butter
2 Handvoll Erbsen
Salz
Saft einer halben Limette

Kartoffeln schälen und grobwürfelig schneiden. Fein geschnittene Zwiebel und Liebstöckel-Zweig in Butter anschwitzen. Kartoffeln und Erbsen dazugeben, unter mehrmaligem Umrühren kurz schmoren lassen.
Mit 1,5 l Wasser aufgießen und bei schwacher Hitze weich kochen. Salzen und vor dem Servieren mit Limettensaft abschmecken.

Was gibt's heute für Erbsen?

Erbse ist nicht gleich Erbse: Es gibt Erbsen mit runzligen Samen, die sogenannten **Markerbsen** (*Pisum sativum* convar. *medullare*). Sie enthalten Zucker und schmecken süß. Markerbsen werden für die Frisch-, Tiefkühl- oder Konservennutzung angebaut und noch grün beerntet. Als Trockenerbsen sind sie nicht geeignet, da sie beim Kochen nicht mehr weich werden.

Die **Palerbsen** (convar. *sativum*) wiederum haben glattschalige Samen, die gelb oder grün gefärbt und besonders stärkereich sind. Diese Erbsen, oft auch „Rollerbsen" genannt, können jung geerntet als Frischerbsen genutzt werden. Meist werden sie jedoch als Trockenerbse gekocht („Erbsensuppenerbsen").

Die dritte Form sind die **Zuckererbsen oder Kefen** (convar. *axiphium*), deren ganze Hülsen gegessen wird, da die Pergamentschicht auf der Innenseite der Hülse nicht ausgebildet ist. Die unreifen Hülsen können daher mit den Samen gekocht werden. Diese Form kann noch weiter unterteilt werden: Hülsen ohne Pergamentschicht = gemeine Zuckererbse; die Samen füllen die Hülse nicht ganz aus = Zuckerschwerterbse; die Hülsenwände sind besonders dick = Zuckerbrecherbse.

Zuckerwurzelpüree mit Rehfilet

2 Handvoll Zuckerwurzeln (= ca. 500 g, 1 Wurzelstock, mittelgroß)
3 EL Butter
Salz
Olivenöl zum Braten
250 g Rehfleisch (Rücken oder Keule), mager, zart
Pfeffer
einige Thymianzweige
2 EL Beeren, sauer, getrocknet (Preiselbeeren, Johannisbeeren, Cranberrys, Berberitzen, Aronia ...)
etwas Butter

Gröbere Zuckerwurzelteile mit Wasser bedeckt weich garen, bis die Zuckerwurzelschale aufspringt. Gekochte Wurzel kalt abschrecken und die durch das Kochen verfärbte Schale vorsichtig mit dem Messer abziehen (das geht bei frischen Wurzeln sehr leicht).
Weiche Wurzel durch ein feines Sieb drücken. Mit Butter glatt rühren. Nach persönlichem Geschmack salzen.
Ein paar dünnere Wurzeln mit einem scharfen Messer schräg in dünne Scheibchen schneiden, in einer Pfanne bei mittlerer Hitze in 2 EL Olivenöl goldgelb knusprig braten.
Rehfleisch als Ganzes salzen und pfeffern. In der Pfanne mit Olivenöl auf allen vier Seiten jeweils etwa sechs Minuten lang anbraten. Einen Teil der Thymianzweige mitbraten. Im Ofen bei 65 °C bis zum Anrichten ruhen lassen (warm halten).
Beeren in Butter langsam erwärmen, bis sie weich werden.
Reh mit einem scharfen Messer portionieren, mit gebratenen Zuckerwurzeln und Püree anrichten. Mit Beeren und Thymian garnieren.

Tipp
Dünne Zuckerwurzeln lassen sich gut braten. Dicke verwendet man für Pürees (Suppen, Cremen, Süßspeisen etc.).

Girgelen, Geyerlein, Zuckermerk ...

Die Zuckerwurzel (*Sium sisarum*) wurde wahrscheinlich in Südrussland in Kultur genommen. Wenn wir die antiken Schriftsteller richtig deuten, war sie unter vornehmen Römern recht beliebt. Kaiser Tiberius ließ sie sich angeblich sogar vom Rhein nach Rom liefern, weil er sie während seines Aufenthalts in Germanien schätzen gelernt haben soll. Bis ins 18. Jahrhundert war die Zuckerwurzel besonders in Frankreich und Südwestdeutschland beliebt. Sie ist schmackhaft und leicht verdaulich, außerdem waren süße Gemüse damals generell sehr begehrt.

Zuckerwurzeln sind roh oder gekocht genießbar und lassen sich ähnlich zubereiten wie Pastinaken. Die Zuckerwurzel wurde auch als Kaffee-Ersatz und zur Gewinnung von Branntwein verwendet. Zwar ist das Putzen etwas langwierig, aber der hervorragende Geschmack ist den Aufwand allemal wert. Die Wurzeln sind überaus süß und erinnern im Aroma an Petersilienwurzeln. Heute ist diese Pflanze zu Unrecht nahezu vergessen und aus den Gärten verschwunden.

Fenchelpudding mit Salat

4 Fenchelknollen
1 Zwiebel, mittelgroß, fein geschnitten
2 EL Butter
1/16 l Obers (Sahne)
Salz
3 Eier
4 Kaffeetassen (klein, von der Form her eignen sich konische Tassen gut)
Butter zum Einfetten

Für den Salat
2 Fenchelknollen mit etwas feinem Kraut
Olivenöl
Zitronensaft

Von den Fenchelknollen die grobfasrigen Stielansätze abschneiden. Fenchel der Länge nach halbieren und fein schneiden.
Zwiebel mit Butter andünsten, Fenchel hinzufügen und mitdünsten. 1/8 l Wasser aufgießen und zugedeckt weich dünsten. Anschließend fein pürieren und noch einmal zum Kochen bringen. Obers dazugeben und gut durchkochen lassen. Salzen.
Etwas abkühlen lassen und Eier mit einem Schneebesen einrühren.
Tassen mit weicher Butter ausstreichen und Masse einfüllen.
Im vorgeheizten Ofen im Wasserbad bei 160 °C stocken lassen (ca. 20 Minuten). Fingerprobe: Pudding mit der Fingerspitze leicht berühren – wenn Widerstand spürbar ist, ist der Pudding fertig!
Für den Salat Fenchelknollen mit einem scharfen Messer dünn aufschneiden, mit Olivenöl und Zitronensaft marinieren. Vor dem Anrichten feines, gezupftes Fenchelkraut untermischen.
Pudding aus dem Ofen nehmen. Mit einem Messer vom Rand lösen, aus der Form stürzen, mit der leicht gebräunten Seite nach oben mit Salat anrichten.

Tipp

Ein kleines Schälchen Fenchelsamen auf dem Esstisch ist eine feine Sache. Die süßen und hocharomatischen Samen zu kauen wirkt ungemein munderfrischend. So wird Fenchel übrigens auch in der indischen Küche gerne gereicht.

Finocchio

Vermutlich wurde Fenchel in Süditalien in Kultur genommen und lange Zeit als Würz- und Heilpflanze genutzt. Der Gemüsefenchel hingegen ist in Mitteleuropa eine sehr junge Kulturpflanze. Es lohnt sich, mit diesem Gemüse zu experimentieren, das nicht nur – wie meist bekannt – gedünstet und überbacken fein schmeckt, sondern auch mariniert als Salat oder wie hier als Pudding. Überdies ist es auch sehr bekömmlich!

Kartoffelpüree

4 Kartoffeln, groß, mehlig
3 EL Butter
Salz
20 Salbeiblätter

Kartoffeln weich kochen, passieren. 2 EL Butter in der Pfanne zum Aufschäumen bringen, salzen und mit einem Kochlöffel unter die passierten Kartoffeln einrühren.
Erscheint das Püree zu fest, etwas vom Kartoffelkochwasser beimengen, bis es die richtig cremig-luftige Konsistenz hat.
Salbeiblätter in restlicher Butter kurz anbraten, sodass sie knusprig werden, und auf dem Püree anrichten.

Die Rückkehr der Mehligen

Bei den Kartoffeln sieht man deutlich, welche Auswirkungen die Veränderung unserer Ess- und Kochgewohnheiten auf das Spektrum an verfügbaren Obst- und Gemüsesorten hat. Nachdem immer weniger Püree selbst zubereitet wurde, ersetzten irgendwann vielfach fertige Kartoffelpüreemischungen (nur noch Wasser hinzufügen!) oder die vorgekochte eingeschweißte Kartoffel das landwirtschaftliche Urprodukt.

So beklagten noch vor wenigen Jahren viele Menschen das Fehlen von mehligen Kartoffelsorten im Handel. Erfreulicherweise gibt es inzwischen in Österreich eine Trendwende hin zu größerer Sortenvielfalt, gerade bei Kartoffeln.

So können wir, wenn wir uns den kulinarischen Hochgenuss eines selbstgemachten Kartoffelpürees gönnen wollen, wieder wählen: zum Beispiel aus den alten Sorten „Ciclamen", „Mehlige Mühlviertler", „Ackersegen", „Highland Burgundy Red" (für rosa Pürree), „Bintje", aber auch aus moderneren Sorten wie „Hermes" oder „Agria".

Einlegen

Stangenbohne, Quitte, Chili – Herbst im ARCHE NOAH Schaugarten.

Selbst eingelegte Früchte sind ein wunderbares Geschenk, das man sich selbst machen kann, wenn man sie im Winter aus dem Regal holt. Beim Deckelöffnen an den Sommer denken! Aber auch als Mitbringsel sind die Gläser mit dem süßen oder salzigen Inhalt ideal: Sehr persönlich, weil selbst gemacht, bleiben sie in der Erinnerung der Beschenkten lange haltbar. Denn was merken wir uns besser als einen köstlichen Geschmack? Und gleichzeitig wird der befreundete Haushalt nicht mit einem staubfangenden Objekt belastet ...

Und damit Sie bei den von Ihnen Beschenkten auch sicher für Aha-Effekte sogen, schenken wir Ihnen in diesem Kapitel ein paar neue Ideen zum Einlegen alter Gartenschätze.

Eingelegte Andenbeeren

10 EL Vollrohrzucker
1 Zweig Zitronenverbene
1/2 l Weißwein
3 Tassen Andenbeeren
1 Vanilleschote pro Glas
Lavendelblüten nach Geschmack

Vollrohrzucker und Zitronenverbene mit Weißwein aufkochen lassen, mit 1 Tasse Wasser aufgießen und ziehen lassen.
Andenbeeren aus der Hülle nehmen, Vanilleschoten der Länge nach aufschneiden, Lavendelblüten abzupfen. Alles in sterile Gläser abfüllen. Die Marinade nochmals aufkochen und über die Beeren gießen. Die Beeren müssen gut mit Marinade bedeckt sein. Gläser verschließen.

Tipps

- Diese Marinade lässt sich als Basismarinade für alle süßen Früchte verwenden!
- Lavendelblüten wegen des intensiven Geschmacks sparsam einsetzen!
- Will man lagerfähiges Kompott herstellen, müssen die eingelegten Beeren pasteurisiert werden.

Andenbeere (*Physalis peruviana*)

Seit wenigen Jahren gibt es in Österreich auch Bio-Andenbeeren aus heimischer Produktion zu kaufen. Die konventionell angebauten werden meist aus Übersee importiert. Natürlich kann man sich dieses Obst aus der Nachtschattenverwandtschaft auch im Kübel auf den Balkon stellen oder in den Garten holen. Es sind auslandende, attraktive Pflanzen, besonders wenn im Herbst ihre Lampions gelb zu leuchten beginnen. Dass die Andenbeere in ihrer südamerikanischen Heimat längere Tage gewohnt ist, merkt man daran, dass sie relativ spät im Jahr zur Reife kommt. Die Beeren mit ihrem fruchtig-süßen Geschmack sind die Wartezeit aber auf jeden Fall wert! Die Erdkirsche (*Physalis grisea*) ist eine etwas kleinere verwandte Art, deren Beeren ein zartes Ananas-Aroma aufweisen.

Stachelbeerkompott

1 Tasse Vollrohrzucker
1 Messerspitze Ascorbinsäure oder Saft einer halben Zitrone
je 2 Handvoll grüne und rote Stachelbeeren, nicht ganz reif

Zucker mit der vierfachen Menge Wasser aufkochen und Ascorbinsäure oder Zitronensaft einrühren. Die entstielten und gewaschenen Stachelbeeren in die vorbereiteten Gläser füllen. Mit der heißen Marinade übergießen. Luftdicht verschließen. Wenn gewünscht anschließend pasteurisieren.

Gooseberries und Ogrosln

Ein Land, das der Stachelbeerkultur schon seit dem Spätmittelalter mit besonderer Liebe verbunden ist, ist England. Ende des 18. Jahrhunderts wetteiferten eigene Stachelbeerklubs in Züchtung und Anbau; unglaubliche 722 Stachelbeersorten waren 1831 in Umlauf. In Österreich hatte der Stachelbeeranbau – als Folge der Zerstörung von Weingärten durch die Reblaus – zwischen 1900 und 1930 als Weinersatzkultur seine Hochblüte. Im Wienerwald um Greifenstein, Kritzendorf und Höflein gab es ausgedehnte Anbauflächen.

Tipp

Stachelbeeren sollten Sie einkochen, wenn sie volle Größe erreicht haben, aber noch unreif sind. Denn die reifen Beeren haben bisweilen zu wenig Säure, um einen „runden“ Geschmack zu ergeben. Früher war die „Grünpflücke“ sehr verbreitet: Bereits Ende Mai wurden die erbsengroßen unreifen Stachelbeeren eingekocht. Das hat zwei Vorteile: Es gibt bereits Ende Mai erstes Obst-Kompott aus dem eigenen Garten, und die am Strauch verbleibenden Früchte werden wesentlich größer!

Eingelegte Melothria

2 Tassen Fruchtessig (Apfel, Birne, Weinessig, Quitte ...)
1/2 EL Salz
1 EL Vollrohrzucker
1/2 EL Senfkörner
1/2 EL Pfefferkörner
2 Zweig Zitronenmelisse
2 Tassen Melothria-Beeren
Ringelblumenblüten

Essig mit 1 Tasse Wasser und Gewürzen aufkochen, 10 Minuten ziehen lassen. Gurken säubern, waschen, ganz kurz (10 Sekunden) blanchieren, in Eiswasser abschrecken.
In sterile (ausgekochte) Gläser abfüllen, mit siedender Gewürzmarinade übergießen, abgezupfte Ringelblumenblütenblätter hinzufügen und gut verschließen.

Tipps

- Mit dieser Basismarinade lassen sich auch Gemüse wie Kürbis, Gurken und Zwiebeln ganz wunderbar einlegen.
- Ringelblumenblüten geben eine zarte Farbe und beeinflussen den Geschmack positiv.

Melothria scabra

Dieses kleine Kürbisgewächs aus dem tropischen Südamerika hat bei uns noch keine lange Geschichte. Daher gibt es auch noch keinen eindeutigen deutschen Namen. Manche bezeichnen die Früchte als „Cocktailgurke" oder „Partygurke", andere als „Mexikanische Minigurke".

Im Englischen finden wir „Mouse Melon", im Spanischen „sándita", also kleine Wassermelone. Tatsächlich erinnert die hübsche Zeichnung der Früchtchen an eine Wassermelone – nicht jedoch ihre Winzigkeit. Die nur 1–2 cm großen Gürkchen isst man am besten gleich im Ganzen. Sie sind erfreulich knackig und erinnern geschmacklich an Gurke.

Über traditionelle Rezepte konnten wir wenig herausfinden – also selber ausprobieren! So viel ist sicher: Sie schmecken roh, eingelegt oder auch mit anderem Gemüse rasch angebraten ganz hervorragend!

Eingelegter Patisson

4 Tassen Weinessig
1 EL Salz
5 EL weißer Rübenzucker
1/2 EL Senfkörner
1/2 EL Pfefferkörner
2 Estragonzweige
4 Gewürzfenchel-Blütendolden
10–15 Patissons, sehr jung, mittelgroß

Essig mit 2 Tassen Wasser, Gewürzen und Hälfte der Kräuter (Estragon, Fencheldolden) aufkochen und 10 Minuten ziehen lassen.
Patissons säubern, waschen, 30 Sekunden blanchieren, in Eiswasser abschrecken. Gemeinsam mit den restlichen Kräutern in sterile (ausgekochte) Gläser abfüllen, mit siedendem Gewürzsud übergießen und gut verschließen.

Tipp

Mehr ausgefallene Früchte zum Einlegen gesucht? Sehr lecker und optisch unglaublich kurios ist auch eingelegter Knollenziest.

Nicht unpikante Flugobjekte

Diese „fliegenden Untertassen“ unter den Sommerkürbissen (*Cucurbita pepo*) sollten Sie nicht zu groß werden lassen, wenn Sie kulinarisches Interesse daran haben. Ernten Sie sie ganz jung, wenn die Früchte maximal 5 cm groß sind, dann sind sie toll zum Einlegen. Etwas später, solange das Fleisch noch saftig und die Schale weich ist, können Sie sie immer noch gut in Scheiben schneiden und als Gemüse braten oder sie panieren und ein vegetarisches Schnitzel daraus machen (ein Rezept meiner Schwiegermutter). Zu reifen Patisson-Früchten sollte man außerhalb von Hungersnöten nicht mehr greifen. Sie erfreuen zwar immer noch das Auge, den Gaumen aber nicht mehr, denn das Fleisch der ausgewachsenen UFO-Kürbisse wird trocken und faserig. Doch Halt – eine Variante geht noch: Deckel abschneiden und als Servierschüssel für Suppe oder Risotto verwenden.

Gelbe-„Rauna"-Kompott

1,5 kg Gelbe Rohnen (Gelbe Bete)
1 Tasse Apfelessig
1 EL Salz
1 Tasse Vollrohrzucker
1 EL grüne Kardamombeeren
2 EL Streifen Ingwerwurzeln

Rohnen in der Schale weich kochen.
Essig mit 1 Tasse Wasser und Gewürzen zum Kochen bringen, 10 Minuten köcheln lassen.
Gekochte Rohnen schälen, grobblättrig schneiden.
In frisch ausgewaschene, saubere Gläser abfüllen, mit siedend heißer Marinade übergießen und gut verschließen.

Die „Roten" Rüben

Dieser österreichische Name fasst ganz offensichtlich nicht die Bandbreite jener Kulturpflanze, die auch „Rohne" (sprich „rau:na"), in Deutschland „Bete" und in der Schweiz „Rande" genannt wird – eine Bezeichnung, die viel mehr Möglichkeiten offenlässt. Denn es gibt rote, gelbe, weiße und auch rot-weiß geringelte Rohnen. Überhaupt kann man über die Vielseitigkeit dieser Kulturpflanze nur staunen: Wenn wir Bete oder Mangold essen, Runkelrüben verfüttern oder uns Zucker aus Zuckerrüben in den Kaffee rühren – immer ist es dieselbe Pflanze, die je nach Nutzungsart ganz anders erscheint.

Grubenkrautsalat als Jause

2 rote Zwiebeln, mittelgroß
2 EL Schmalz
1/2 Grubenkraut
Salz
Pfeffer aus der Mühle
1 Bund Liebstöckel
4 Scheiben Roggenvollkornbrot

Zwiebel fein schneiden und im Schmalz anschwitzen. In Rauten geschnittenes Grubenkraut dazugeben, kurz mitrösten, salzen und pfeffern.
Hitze zurückschalten und Grubenkraut 5 Minuten bei schwacher Hitze schmurgeln lassen.
Liebstöckelblätter abzupfen und darunterrühren.
Auf Tellern anrichten, Brot dazu reichen.

Tipp

Durch das Austreten der Flüssigkeit und das Verdampfen während des Schmurgelns bei schwacher Hitze karamellisieren Rückstände. So gewinnt das Gericht an geschmacklicher Harmonie!

Variante

4 EL Grammeln (Grieben) (besonders schmackhaft vom Wollschwein oder vom Turopolje-Schwein) mit etwas Schmalz langsam erhitzen und rasch über das angerichtete Kraut gießen („abbrennen“).

Das Grubenkraut wird wieder ausgegraben!

Das Einlegen müssen Sie in diesem Fall jemand anderem überlassen. Aber wir wollen Ihnen dieses traditionelle, fast vergessene und unlängst wiederbelebte Lebensmittel trotzdem gerne vorstellen:

Ganze Krautköpfe (Kohlköpfe) werden auf dem Feld überbrüht, an der Sonne eine Zeitlang liegen gelassen und dann ohne Zugabe von Salz in metertiefe Gruben gelegt. Nach einiger Zeit beginnt ein milchsaurer Gärprozess, der mildes und sehr bekömmliches „Sauer“kraut hervorbringt.

Früher war es eine besondere Kunst, das Grubenkraut mit dem sogenannten Krautstöckl – ein historisches Schneidgerät nur für Grubenkraut – besonders fein zu schneiden. Wobei es auch reizvoll ist, das Kraut gröber zu lassen, das ergibt einen sehr feinen, knackigen Geschmack.

Die Zubereitung war je nach Haushalt unterschiedlich, allerdings gab es keine große Vielfalt an Rezepten. Grubenkraut war ein Hauptnahrungsmittel und stand als Zwischen- oder Hauptspeise täglich auf dem Tisch, meist ohne viel Abwandlung. Trotzdem freuten sich viele jedes Jahr schon auf die Zeit, wenn das frische Kraut aus der Grube kam.

Die Herstellung von Grubenkraut wird heute auf Initiative von steirischen und niederösterreichischen ProduzentInnen mit alten Krautsorten, die teilweise aus dem ARCHE NOAH Sortenarchiv stammen, wiederbelebt. Diese Bemühungen wurden auch als „Slow Food Presidio“ ausgezeichnet (www.grubenkraut.at, www.slowfoodfoundation.com).

Rosa Sauerkraut mit Kartoffelknödeln und Rosinen

4 Kartoffeln, mehlig
2 Dotter
3 EL Mehl
Salz
2 Tassen rosa Sauerkraut (siehe unten)
1 Stück Ingwerwurzel, klein
2 EL Sonnenblumenöl
1 EL Mehl
Rosinen nach Geschmack

Kartoffeln schälen, weich kochen. Durch eine Presse drücken, etwas abkühlen lassen. Dotter, Mehl und Salz hinzufügen. Rasch durchkneten.
Kleine Knödel formen und sofort in kochendes Salzwasser einlegen. Aufkochen lassen, bis sie an die Oberfläche steigen. Zudecken, vom Herd nehmen, wenige Minuten ziehen lassen.
Sauerkraut mit Ingwer zum Kochen bringen. Das Verhältnis Sauerkraut und Flüssigkeit sollte ausgewogen sein, bei Bedarf mit Wasser auffüllen.
Öl erhitzen, Mehl unter ständigem Rühren darin leicht bräunen, dann in das kochende Sauerkraut einrühren.
Rosinen hacken, Kartoffelknödel darin wälzen. Sauerkraut auf einen Teller legen, Knödel darauf anrichten.

Wir lieben Rosa!

Und hier noch ein kleiner Gag zum Abschluss des Einlege-Kapitels: rosarotes Sauerkraut. Es schmeckt genauso gut wie weißes und kann relativ leicht selbst hergestellt werden. Das Rezept zur etwas anderen Herstellung von Sauerkraut stammt von ARCHE NOAH Mitglied Annegret Hottner.

Rotkraut (Rotkohl) putzen und klein schneiden – das geht sehr gut mit einer Küchenmaschine – und in einen Gärtopf schichten. Jede zweite Schicht etwas salzen. Aber nicht viel, denn die Haltbarkeit entsteht durch die Gärung, nicht durch Salz. Und je mehr man salzt, umso schärfer wird das Kraut. Fest einstampfen, z.B. mit einem Kartoffelstampfer, bis Wasser austritt. Ein Schuss Weißwein begünstigt die Gärung.

Nun mit einem Brett und Steinen beschweren und je nach Temperatur 2–3 Tage in der Küche stehen lassen. Wenn das Kraut anfängt „sauerkrautig" zu riechen und sich Schaum bildet, Schaum sauber abräumen und Kraut in gewaschene, heiß ausgespülte Gläser mit Bügel- oder Twist-off-Verschluss füllen. Gläser ganz vollmachen und Kraut fest eindrücken.

Gläser verschließen und eine weitere Woche in der Küche stehen lassen. Das Kraut gärt im Glas weiter, man hört es leise zischen. Die durch die Gärung entstehenden Gase entweichen, dadurch verschließt sich das Glas von selbst. Danach in den Keller stellen, nach ca. 4–6 Wochen ist das Sauerkraut fertig.

Diese Methode hat mehrere Vorteile: Man braucht keinen Kahm abzuschöpfen und hat daher kaum Verlust, es riecht nicht das ganze Haus nach Sauerkraut. Einmal verschlossen halten die Gläser lange, auch mehrere Jahre, und man kann je nach Bedarf verschiedene Größen abfüllen. Gutes Gelingen!

Sich das Leben versüßen

Apfelblüte im ARCHE NOAH
Schaugarten.

Oben: Die Bienen fliegen los. Mitte: Erste Kirschen in der Hand von Marion Schwarz. Unten: Wie wird der Karottenkuchen schmecken?

Es gibt so viele Dinge, die uns das Leben versüßen – einen Garten zu bestellen, frische, aromatische Lebensmittel zu genießen, auf einem Bauernmarkt einkaufen zu gehen und sich an den Früchten der Saison zu erfreuen, Bienen beim Fliegen zuzusehen, mit Kindern zu kochen, gemeinsam zu essen, Freunde zu überraschen, mit alten Obst- und Gemüsesorten die Vielfalt des Lebens zu sich in die Küche zu holen!

Die folgenden Rezeptideen können das Leben auf der ganz wörtlichen Ebene ein bisschen versüßen – wir wünschen Ihnen viel Freude dabei! Und für jene, die sich ihr Leben gern pikant versüßen, wartet am Ende des Kapitels noch eine krachig-knackige Anregung!

Weiße und rote Monatserdbeeren mit Rosmarincreme

4 Blatt Gelatine (möglichst vegetarisch)
1/4 l Obers (Sahne)
1/4 l Milch
3 Rosmarinspitzen, ca. 4 cm lang, nicht verholzt
2 Handvoll rote Monatserdbeeren (z.B. „Rügen“)
3 EL Blütenhonig
Saft einer Zitrone
2 Handvoll weiße Monatserdbeeren (z.B. „Frais de Bois“, „Baron Solemacher“)
Rosmarinblüten zum Garnieren

Gelatine in kaltem Wasser einlegen. Die Hälfte des Obers schlagen und kühl stellen.
Restliches Obers mit Milch und Rosmarinspitzen zum Kochen bringen, 3 Minuten ziehen lassen. Gelatine aus dem Wasser heben, leicht ausdrücken und in der Rosmarin-Obers-Milch schmelzen lassen. Durch ein feines Sieb abgießen.
In einem kalten Wasserbad unter mehrmaligem Umrühren bis kurz vor den Gelierpunkt abkühlen, geschlagenes Obers vorsichtig unterheben.
In kalt ausgespülte Porzellanformen füllen und abdecken. Im Kühlschrank mind. 6 Stunden lang kühlen.
Porzellanformen kurz in heißes Wasser tauchen. Rand der gelierten Masse mit einem Messer leicht einschneiden und die Rosmarincreme aus der Form auf Teller stürzen.
Rote Walderdbeeren mit Honig und Zitronensaft marinieren, gut durchrühren und 15 Minuten ziehen lassen.
Neben der Rosmarincreme anrichten. Mit weißen Erdbeeren besetzen, mit Rosmarinblüten bestreuen.

Tipp

Walderdbeeren und Monatserdbeeren nicht zu lange und nicht zu stark erhitzen. Sonst verlieren sie ihr feines Aroma und können einen bitteren Beigeschmack entwickeln!

Großes Aroma in kleiner Gestalt

An dem wunderbaren Aroma dieser süßen Früchtchen sind über 300 flüchtige Substanzen beteiligt. Erdbeeren werden nachweislich seit der Steinzeit von den Menschen in Europa genutzt. Die Walderdbeere und ihre Kulturform, die Monatserdbeere, waren lange vor der sogenannten Ananaserdbeere da, die erst im 18. Jahrhundert aus einer Kreuzung entstand. Sie hat im Lauf der Zeit die alten, weniger ertragreichen Erdbeerarten verdrängt. Leider sind so auch viele Sorten der Monatserdbeere verloren gegangen.

Für Garten und Balkon kann man ihren Anbau nur wärmstens empfehlen. Als Einfassung von Beeten und Rabatten nehmen sie wenig Platz in Anspruch und erfreuen das ganze Jahr hindurch mit ihren kleinen Naschfrüchten. Die weiße Sorte im Bild ist übrigens die weiße Baron Solemacher, eine Züchtung aus dem Jahr 1935, die zum Welterfolg und von Deutschland aus in „Überseekästen“ in alle Welt exportiert wurde.

Gefüllte Taglilienblüten

12 Taglilienblüten
250 g Frischkäse
3 EL Honig

Taglilienblüten vorsichtig waschen. Staubgefäße und Stempel aus der Blüte brechen und als Garnitur aufheben.
Frischkäse und Honig gut verrühren.
Masse mit einem Spritzsack oder Kaffeelöffel in die Blüte füllen. Staubgefäße und Stempel wieder einsetzen.

Varianten

- Taglilien eignen sich für verschiedenste Zubereitungsarten: gefüllt mit Ziegenfrischkäse, feinen Zitronenschalen und Thymian oder mit gedünstetem Einkornreis, Thymian und Haselnüssen.
- Als warmes Gericht lassen sie sich sehr gut mit einer Füllung aus passierten Kartoffeln und Bergkäse in einer feuerfesten Form im Ofen backen.

Schön und gut

Taglilien gehören zu den attraktivsten und leckersten unter den essbaren Blüten. Beim ersten Biss werden Sie das sanfte Blütenparfum wahrnehmen, unten im Kelch wartet dann die süße Überraschung. Apropos Überraschung: Bitte versichern Sie sich vor dem Blumengenuss, dass die Blüte unbewohnt ist …

Die ursprünglich aus Ostasien stammenden *Hemerocallis lilio-asphodelus* und *Hemerocallis fulva* werden übrigens in China und Japan kultiviert, um die getrockneten Blüten als Gewürz und Heilmittel zu verwenden. Auch die Wurzelstöcke und die Knospen lassen sich als Gemüse nutzen.

Mus vom Klarapfel

10 Kläräpfel
Saft von 2 Zitronen
1 EL Vollrohrzucker
essbare Blüten zum Dekorieren (wir haben Phloxblüten verwendet)

Äpfel schälen, vierteln und entkernen. Äpfel mit Zitronensaft übergießen, Vollrohrzucker hinzufügen. Zugedeckt ohne Zugabe von Wasser weich garen. Dann mit einem kräftigen Schneebesen zu einer sämigen Masse schlagen und in Schalen oder Gläser füllen. Mit den gefüllten Gläsern auf den Tisch klopfen, damit eine homogene Oberfläche entsteht. Kurz vor dem Servieren das Mus mit Blüten dekorieren. Der Geschmack des Muses entfaltet sich bei Raumtemperatur am besten.

Tipp

Klarapfelmus kann man ganz einfach haltbar machen: heiß in gut verschließbare Gläser abfüllen und im Wasserbad bei 80 Grad °C 20 Minuten ziehen lassen. Lichtgeschützt nicht über 16 °C lagern. Je nach Sauberkeit beim Arbeiten ist das Mus nun 1-2 Jahre haltbar.

Varianten

- Statt Kläräpfeln eignen sind beispielsweise auch die kleinen, würzigen, aromatischen Weingartenpfirsiche sehr gut für Mus. Dabei etwas Schale mitdünsten, damit eine schöne, rötliche Farbe entsteht. Der Schalenanteil darf allerdings nicht zu hoch sein, damit das Mus nicht bitter wird.
- Sehr gut lässt sich Kardamom mit Apfel- oder Pfirsichmus kombinieren. Dazu einfach vor dem Servieren Kardamombeeren aufbrechen und wenige Samen auf das Mus streuen – wenn man auf einen Kardamomsamen beißt, gibt das einen besonderen Aromakick, der einen spannenden Kontrast zum sanften Mus darstellt.

Geschenk des Sommers

Geht es Ihnen auch so? Bei roten Früchten läuft Ihnen aus Vorfreude auf süßen Geschmack und volles Aroma das Wasser im Mund zusammen – von einer weißen Frucht erwarten wir hingegen nichts. Vom Weißen Klarapfel kann man sich eines Besseren belehren lassen. Die kleinen, fast transparent wirkenden, fein duftenden Früchte kriegen niemals rote Backen, schmecken aber wunderbar aromatisch und süßsäuerlich.

Der Klarapfel zählt zu den frühesten Apfelsorten und schenkt uns bereits im August reife Früchte – die dann allerdings rasch verzehrt werden wollen, sonst werden sie mehlig und verfaulen. Wer also Zugang zu einem Klarapfelbaum hat, greife rasch zu und mache sich unverzüglich ans Einkochen. Mus und Kompott von dieser Sorte sind einfach unvergleichlich gut!

Der Weiße Klarapfel oder Transparentapfel, wie er früher genannt wurde, stammt übrigens aus Lettland und ist bei uns seit rund 150 Jahren bekannt. Aufgrund der kurzen Haltbarkeit ist die Sorte im Handel kaum verfügbar. Am besten man sucht BaumbesitzerInnen in der Umgebung oder pflanzt selbst ein Bäumchen.

Erdmandelstreusel auf geschmorten Weingartenpfirsichen

5 EL Butter, weich
Saft einer Zitrone
3 EL Honig
8 Weingartenpfirsiche
2 Handvoll Erdmandeln, über Nacht eingeweicht
4 Scheiben Toastbrot, klein
2 EL Vollrohrzucker

2 EL Butter, Zitrone und Honig mit einem Schuss Wasser in einer großen Pfanne mit Deckel aufkochen. Ungeschälte Pfirsiche einlegen und zugedeckt bei geringer Hitze dünsten, bis sie eben gerade gar sind, aber nicht zerfallen.
Anschließend in eine feuerfeste Form legen und mit der entstandenen Flüssigkeit übergießen.
Erdmandeln in einem Mörser zerstoßen. Toastbrot entrinden und möglichst fein schneiden oder in einer Küchenmaschine zu Bröseln zerkleinern.
Mit Erdmandeln und Vollrohrzucker vermischen, mit restlicher weicher Butter zu Streuseln verarbeiten. Über die Pfirsiche streuen und bei 220 °C Oberhitze im Ofen backen. Die Streusel sind fertig, wenn sie zu bräunen beginnen und außen knusprig wirken.

Tipp

Das Garen der Pfirsiche benötigt je nach Größe ca. 10 Minuten. Zur Probe kann man sie mit einem Holzspieß anstechen: Wenn man ohne stärkeren Widerstand bis zum Kern kommt, sind sie fertig.

Varianten

Statt mit Erdmandeln kann man die Streusel auch mit Haselnüssen oder Maroni (Esskastanien) herstellen.

Mandeln aus der Erde

Oberirdisch sehen sie aus wie Katzengras und stammen tatsächlich aus dieser Verwandtschaft. Doch knapp unter der Erdoberfläche schlummert ein schmackhaftes Geheimnis in Form kleiner, knackiger Knollen. Frisch schmecken sie süß und nach Mandeln, getrocknet werden sie etwas härter, dafür im Aroma noch intensiver.

Das Knollengras aus dem tropischen Afrika ist bei Kindern als Knabberei sehr beliebt. Sie können es roh oder geröstet wie Nüsse in vielerlei Rezepten einsetzen. Sollten Sie keinen Blumentopf mehr frei haben, können Sie gemahlene Erdmandeln auch in gut sortierten Naturkostläden kaufen.

Leider verwildert die Erdmandel in vielen Gebieten und kann zu einem lästigen Ackerunkraut werden. Ein verstärkter Anbau ist daher aus Sicht der Landwirtschaft und des Naturschutzes nicht wünschenswert. Wenn Sie Erdmandeln kultivieren, sollten Sie deshalb darauf achten, die Pflanze nicht unabsichtlich in die freie Wildbahn zu verschleppen.

Safranpudding

5 Blatt Gelatine
8 Safranfäden
2 EL Vollrohrzucker
0,5 l Milch
Prise Salz
3 Dotter

Blattgelatine in kaltem Wasser einlegen, Safranfäden mit Zucker in einem Mörser fein zerstoßen. Zwei Drittel der Milch mit Salz erwärmen und Safranzucker darin auflösen.
15 Minuten ziehen lassen, damit das Safranaroma sich entfalten kann. Restliche Milch mit den Dottern glatt rühren.
Safranmilch zum Kochen bringen, Gelatine abtropfen und darin schmelzen lassen.
Dottermilch rasch in die Safranmilch einrühren, unter ständigem Rühren kurz erhitzen, aber nicht aufkochen, damit der Dotter nicht ausflockt.
Sofort von der Herplatte ziehen und rasch in mit kaltem Wasser ausgespülte Schalen füllen. Pudding erkalten lassen und auf kleine Teller stürzen.

Tipps

- Safranpudding schmeckt am besten bei Raumtemperatur.
- Sehr gut harmonieren dazu frische Beeren und Blüten.

Goldgärtnerei

So könnte man den Safrananbau getrost nennen. Denn die getrockneten roten Blütenfäden des kleinen Krokusses zählen zum Teuersten, was die Landwirtschaft jemals hervorgebracht hat. Das ist auch der Grund, warum früher wie heute viele Fälschungen auf dem Markt sind. Echter Safran wird gegenwärtig vor allem aus dem Iran importiert.

Wussten Sie, dass es auch in Österreich Safrananbau gab, der sogar ausgezeichnete Qualitäten hervorbrachte? Wie der berühmte Wachauer Safran, dessen Kultur seit einigen Jahren durch den Verein „Crocus Austriacus“ wiederbelebt wird.

Safran macht übrigens nicht nur „den Kuchen gel“. Er färbte auch die Kleidung von Kaisern, Göttern und Helden, gilt als Aphrodisiakum und entfaltet als Heilmittel krampflösende und beruhigende bis narkotische Wirkung.

Karottenkuchen

Für den Teig
1,5 Tassen Mehl
1/2 Stück Butter (125 g)
1/2 Tasse Vollrohrzucker
Prise Salz

Für die Füllung
6–8 Karotten (Möhren; hier die rote Sorte „Purple Dragon“)
1 gehäufter EL Vollrohrzucker
2 EL Butter
Butter für die Form
Mehl für die Form
2 Becher Schafmilchjogurt (zusammen 250 g)
2 Eier
Honig zum Bestreichen

Für den Teig Mehl, Butter, Zucker und Salz miteinander vermischen, rasch zu einem Teig verkneten. Nach Bedarf 1 EL Wasser hinzufügen, 30 Minuten bei Raumtemperatur ruhen lassen.
Für die Füllung Karotten schälen, der Länge nach halbieren, blättrig schneiden. Scheiben einer Karotte zum Belegen aufheben.
Restliche Karotten in einem Kochtopf mit Zucker, Butter und etwas Wasser zugedeckt im eigenen Saft bei schwacher Hitze bissfest dünsten.
Teig ca. 5 mm dick ausrollen. Eingefettete und bemehlte Backform mit Teig auskleiden.
Die fertig gedünsteten Karotten im eigenen Saft auskühlen lassen. In der Zwischenzeit Schafmilchjogurt und Eier verrühren. Karottenscheiben unterrühren. Masse in die mit Teig ausgekleidete Kuchenform füllen. Mit rohen Karottenscheibchen belegen und mit etwas gewärmtem Honig bestreichen.
Ofen auf 180 Grad °C Ober-/Unterhitze oder 160 °C Umluft vorheizen. Kuchen 30–40 Minuten auf der untersten Schiene backen, so wird er nicht speckig.

Unten bunt

Wenn jemand „Karotte“ sagt, denken Sie an orange, oder? Hätten Sie im Mittelalter gelebt oder wären Sie in der Levante zu Hause, würden Ihnen wahrscheinlich auch violette, rote, weiße und gelbe Wurzeln einfallen. Obwohl Karotten auch bei uns wild wachsen, stammen unsere Kulturformen ursprünglich aus Kleinasien. Die orange „Karotin-Karotte“, die für uns heute die Karotte schlechthin darstellt, ist eigentlich die jüngste in der Farbpalette dieser Kulturpflanze: Diese Sorten wurden im 17. Jahrhundert in den Niederlanden gezüchtet.

Als wirtschaftlich bedeutendes Frischgemüse haben sich die orangefarbenen Karotten längst durchgesetzt, und so gerät die Sortenvielfalt dieser wertvollen Wurzel immer mehr in Vergessenheit. Violette und rote Karotten werden auch heute noch beispielsweise in Syrien angepflanzt und für Süßspeisen verwendet. Unter den weißen Karotten sind die Schweizer „Küttiger Rübli“ zu nennen, und die gelben kennt man in Österreich als Bestandteil des Suppengemüses.

Strudel vom Strudelapfel

Für den Strudel
1 Tasse Mehl
3 EL Sonnenblumenöl
1 Eiweiß
Prise Salz
Öl zum Beträufeln und Bestreichen
Mehl zum Ausarbeiten
1/2 Stück Butter (125 g) zum Beträufeln und Bestreichen
Semmelbrösel (Paniermehl) für das Blech

Für die Füllung
6 Äpfel, groß (siehe unten)
Vollrohrzucker
Saft einer Zitrone
Zimt
Rosinen nach Wunsch
1/2 Tasse Wal- oder Haselnüsse, geröstet
2 Semmeln (Brötchen), frisch
1 EL Butter

Mehl auf ein Häufchen schütten, in der Mitte eine Grube machen. Öl, Eiweiß und Salz sowie den Großteil von 1/4 Tasse Wasser hinzufügen. Mit einer Teigkarte auf einem Nudelbrett (oder in einer Schüssel mit einem Kochlöffel) kurz abarbeiten.
Restliches Wasser dazugeben und zu einem glatten, weichen Teig verarbeiten. In Klarsichtfolie einschlagen, um zu verhindern, dass der Teig austrocknet. 30 Minuten ruhen lassen.
Für die Füllung Äpfel waschen, schälen, entkernen und blättrig schneiden. Mit Zucker, Zitronensaft, Zimt, Rosinen und Nüssen in einer Schüssel vermengen. Semmeln in Würfel schneiden, in Butter bei mittlerer Hitze knusprig rösten und unter die Apfelmasse mischen.
Strudelteig etwas ausrollen. Mit Öl beträufeln, mit der Hand leicht damit einstreichen, damit er beim Ziehen nicht reißt.
Zunächst über dem Handrücken in der Luft ausziehen, dann auf einem bemehlten Geschirrtuch ablegen und an den Rändern vorsichtig weiter ausziehen, bis der Teig durchsichtig wird (auf ca. 40 x 60 cm Fläche).
Apfelmasse auf 1/3 des Teiges verteilen, restliche Teigfläche mit zerlassener Butter beträufeln.
Strudel mit Hilfe des Tuchs einrollen und auf ein mit Butter bestrichenes und mit Semmelbröseln bestreutes Backblech legen. Mit restlicher Butter bestreichen. Ofen auf 180 Grad °C bei Ober-/Unterhitze oder 160 °C Umluft vorheizen und Strudel 25–30 Minuten backen.

Der Strudelapfel

Was ist das eigentlich, ein Strudelapfel? Jedenfalls keine bestimmte Sorte. Vielmehr werden generell Apfelsorten als Strudelapfel bezeichnet, die große Früchte hervorbringen und damit weniger Arbeit beim Schälen und Schneiden verursachen als kleine.

Darüber hinaus sollte ein Strudelapfel ausreichend Säure mitbringen. Und drittens sollte er nicht – wie bei manchen Sorten der Fall – beim Backen zu Brei zerfallen. Wieder andere sind als Tafelapfel so gut, dass Sie zum Verbacken einfach zu schade sind. Unsere Empfehlungen zur Sortenwahl finden Sie im Kapitel Küchentipps & Bezugsquellen.

Machen Sie für das nächste Fest doch einmal drei verschiedene Sorten Apfelstrudel. Ihre Gäste werden über die Unterschiede staunen!

Quittenessenz

4 Quitten, mittelgroß
Rohrzucker nach Geschmack
1 Packung Topfen (250 g) (Quark)
1–2 EL Honig

Quitten gut waschen und Pelz abreiben. Eine Frucht aufheben, die restlichen vierteln oder achteln, jedoch nicht schälen!
In 3–4 l Wasser bei schwacher Hitze in ca. 2 Stunden weich kochen, bis die Flüssigkeit einen zarten roten Farbton erhält.
Weiche Quittenspalten in einem sauberen Tuch ausdrücken, Flüssigkeit aufbewahren, nach Geschmack mit etwas Rohrzucker verfeinern.
Zurückgelegte Quitte schälen, in feine Streifen schneiden und blanchieren.
Topfen mit Honig verrühren, mit einem Löffel formen und auf Tellern anrichten.
Die noch warme Quittensuppe drumherum gießen und blanchierte Quittenstreifen auf den Topfen streuen.

Tipp

Die Pressrückstände können als Basis für einen Gemüseaufstrich verwendet werden.

Der feinste Duft

Zu Großmutters Zeiten lagen sie im Wäscheschrank, heute dekoriert man gerne Wohnräume und Lokale mit den gelben Früchten. In den Monaten zwischen Reife und Vergehen erfüllen Quitten die Welt mit einem unglaublichen Duft.

In der Küche schätzen wir ihr feines Aroma und ihren hohen Pektingehalt – probieren Sie einmal Quitten als „Geliermittel" beim Marmeladekochen! Meist reicht eine Quitte pro Kilogramm Früchte, man kann den Zuckerzusatz reduzieren und die fruchtig-frische Note heben. Aber auch zu Apfel- oder Birnenkompott ist die Quitte – von der es ebenfalls apfel- und birnenförmige Sorten gibt – hervorragend geeignet. Als Alternative zum bekannten „Quittenkäse" zeigen wir Ihnen hier eine leichte, fruchtige Nachspeisenvariante, quasi die Essenz der Quitte.

Geliertes Stachelbeerkompott mit Topfennockerln

1 Glas eingelegte Stachelbeeren (siehe S. 135)
1 TL Agar-Agar
1 Packung Topfen (Quark), fein passiert
Prise Salz
etwas Zitronenschale, gerieben
1 TL Puderzucker

Stachelbeersaft abgießen, Agar-Agar mit einem Schneebesen einrühren und unter ständigem Rühren zum Kochen bringen. Etwas abkühlen lassen, bis es lauwarm ist. Dann die Früchte vorsichtig untermengen, mit Frischhaltefolie abdecken und 15 Minuten ziehen lassen.
Auf Tellern anrichten, Topfen mit Puderzucker, Salz und Zitronenschale glatt rühren. Nockerl formen und auf dem Stachelbeer-Gelee drapieren.

Kompott vom Feigenblattkürbis mit Frischkäse

3 EL Vollrohrzucker
1/4 l Weißwein
1 Feigenblattkürbis, klein
4 EL Weinessig
2 EL Honig
1–2 Chilischoten
2 Rollen Schaf-Kuh-Frischkäse in Molke

Zucker in einem flachen Topf schmelzen lassen, bis er leicht bräunt. Dann mit Weißwein ablöschen und kochen lassen, bis sich die Zuckerkruste völlig aufgelöst hat.
Feigenblattkürbis mit einem scharfen Messer halbieren. Mit einem Löffel die Kerne mit dem umgebenden Gewebe herausschaben. Mit einem Messer die Kürbisschale entfernen.
Das weiße, weiche und fein duftende Fruchtfleisch in kleine Würfel schneiden und dem kochenden Zucker-Wein-Gemisch hinzufügen.
Essig und Honig dazugeben und kochen lassen, bis der Kürbis eine angenehm weiche, glasige Konsistenz hat.
Chilis der Länge nach halbieren, Kerne entfernen und Chilis in feinste Würfelchen schneiden.
Frischkäse mit dem noch leicht warmen marinierten Feigenblattkürbis anrichten, nach Belieben mit Chilis bestreuen.

Tipp

Vorsicht beim Halbieren und Schälen des Kürbisses, die Schale ist ziemlich hart!

Der Feigenblattkürbis

Äußerlich ist er einer Wassermelone ähnlich und beim Aufschneiden merkt man gleich, dass man hier eine ganz eigene Kürbisart vor sich hat (*Curcubita ficifolia*). Bei uns hat der Feigenblattkürbis bisher wenig Tradition. Er stammt aus den Bergländern Perus, wo er vor rund 5.000 Jahren in Kultur genommen und bis in Höhen von 2.600 Meter angebaut wurde. Die attraktiven Früchte sind sehr gut haltbar, sie können bis zu 2 Jahre lang gelagert werden. Aus dem Fleisch werden in Mexiko, Asien, aber auch in einigen Ländern Europas Süßspeisen (Engelshaar) hergestellt. Die Samen können geröstet verzehrt werden.

Unsere Empfehlung: Genießen Sie die Früchte des Feigenblattkürbisses möglichst puristisch. Es wäre schade, diesen delikaten Kürbisgeschmack mit zuviel Gewürzen und Zucker zu überdecken!

Getunkte Andenbeeren

2 Handvoll Andenbeeren mit Kelch
125 g Kuvertüre, 70 %ig
Vollrohr- oder grober Kristallzucker nach Wunsch

Kelch der Andenbeeren zurückschlagen. Kuvertüre bei ca. 36–40 °C über dem Wasserbad schmelzen. Andenbeeren nacheinander eintunken.
Wenn gewünscht kurz in einen Teller mit Zucker stellen. Dann auf einem Blatt Backpapier abstellen und die Schokolade aushärten lassen.

Tipp

Nicht nur Kinder lieben Andenbeeren in Schokoladenhülle. Als fertiges Konfekt sind sie gekühlt ein paar Tage haltbar und man kann sie zu jeder Feier servieren. Aber noch viel schöner ist es, die Früchte gemeinsam bei Tisch in die warme Schokoladensauce einzutunken und gleich in den Mund zu stecken. Hhhhmmm ...

Gemüsechips

Pastinaken
Yacon-Knollen
Blaue Kartoffeln
Rohnen (Bete, z.B. „Chioggia“)
Spritzer Zitronensaft

Pastinaken und andere längliche Wurzelgemüse schälen, der Schalenanteil ist sonst bei manchen Chips sehr hoch.
Mit einem scharfen Gemüseschäler der Länge nach sehr dünne Blätter herstellen. Yacon, Kartoffeln und Rüben ungeschält mit einer Schneidemaschine oder einem scharfen Gemüsehobel in dünne Blätter schneiden.
Wasser mit Zitronensaft aufkochen; Blätter sortenweise darin blanchieren, bis sie weich sind (ca. 1 Minute).
Auf einem Tuch abtropfen lassen, Blätter auf einem mit Backpapier belegten Blech eng auflegen und im Ofen bei 60 °C Umluft ca. 6 Stunden lang trocknen.

Tipp

- Solche Chips lassen sich auch sehr gut aus anderen Wurzeln, Knollen und Sorten herstellen.
- Üblicherweise werden Chips in heißem Fett frittiert. Das Endprodukt ist oft in Fett getränkt und der Eigengeschmack wird dadurch stark beeinträchtigt. Die hier gezeigte Chipsvariante hingegen erhält den vollen Eigengeschmack des Produktes.
- Wenn man einen Kachelofen oder einen gesetzten Herd hat, empfiehlt es sich, diesen zum Trocknen der Chips zu verwenden, da sie auf diese Weise sehr schonend getrocknet werden können (Dauer ca. 12–15 Stunden).
- Gelagert werden sollten die Chips in einer mit Backpapier ausgelegten Keksdose bei Raumtemperatur. So bleiben sie knusprig und halten gut 2–3 Wochen. Sollten sie an Knusprigkeit verlieren, kann man sie wieder kurz nachtrocknen.

Geschmackverstärker

Yacon (*Polymnia sonchifolia*) stammt aus Südamerika. Der Wurzelstock der hübschen Pflanzen mit den herzförmigen Blättern lässt sich dünsten, backen oder dörren, auch Saft kann man daraus gewinnen. Die Süße nimmt nach Lagerung bei Tageslicht zu. Yacon enthält für die Ernährung von DiabetikerInnen wichtige Inulin-Zucker, viele Mineralstoffe und Glutaminsäuren, die, z.B. gemischt mit anderen Gemüsen, geschmacksverstärkende Wirkung entfalten.

Gemüsestand des Biohof Ochsenherz
am Wiener Naschmarkt.

Küchentipps & Bezugsquellen für Lebensmittel

Die Gartenküche im Pavillon des ARCHE NOAH Schaugartens. Johann Reisinger zaubert mit einfachsten Mitteln Geschmackserlebnisse.

In diesem Kapitel wollen wir Ihnen die dem Buch zugrunde liegende Koch-Philosophie nochmals näher bringen: Gerichte, die den Eigengeschmack der verwendeten Obst- und Gemüsesorten unverfälscht zur Geltung bringen, basierend auf frischen, hochqualitativen Lebensmitteln aus sauberer, biologischer und fairer Produktion. Dazu haben wir für Sie die wichtigsten Tipps und viele Hintergrundinformationen zu einer Reihe von Produkten und Zubereitungsmethoden zusammengestellt.

Am Ende des Kapitels finden Sie eine Übersicht zu ausgewählten Bezugsquellen für Lebensmittel in Bioqualität, auch von Gemüse- und Pflanzenraritäten.

Küchentipps

Wenn Sie ein Produkt nicht finden können, schauen Sie bitte unter dem übergeordneten Stichwort nach, z.B. „Essig und Öl" für „Weintraubenkernöl".

Agar-Agar

Geliermittel aus Algen. Erhältlich in vielen Bioläden und größeren Supermärkten. Sinnvoller und veganer Ersatz zu Gelatine.

Blanchieren

In kochendem Wasser einmal aufkochen (ca. 30 Sekunden, je nach Stärke) und rasch in kaltem Wasser abschrecken, damit das Gemüse auch im Kern abkühlt, der Garprozess gestoppt wird und das Chlorophyl bei grünen Gemüsen erhalten bleibt.

Bohnen siehe Trockenbohnen

Einkorn, Emmer, Gerste und Hirse

Produkte aus den alten Getreidesorten Einkorn und Emmer, wie Reis und Nudeln, sind bereits in vielen Bioläden und Supermärkten erhältlich; dasselbe gilt für Hirse und Speisegerste.

Kartoffeln: mehlig, speckig oder vorwiegend festkochend

Mehlige Kartoffeln haben den höchsten Stärkegehalt und eine grobkörnige Struktur. Sie werden beim Kochen weich und zerfallen. Sie eignen sich daher besonders gut für Püree, Soufflé, Suppen, Eintöpfe, Flan, Knödel und Kartoffelteig.
Beispiele für Sortenraritäten: „Ciclamen" (rotschalig), „Mandelkartoffel", „Mehlige Mühlviertler" (außen und innen gelb), „Highland Burgundy Red" (außen und innen rot).
Speckige (festkochende) Kartoffeln enthalten wenig Stärke und behalten beim Garen ihre feste Struktur. Man verwendet sie für Salate, Bratkartoffeln oder Aufläufe.
Beispiele für Sortenraritäten: in Österreich generell Kipflertypen, „Rosa Tannenzapfen" (rotschalig), „Blue Salad Potato" (außen und innen blau), „Linzer Delikatess", „Bamberger Hörnchen" (beide außen und innen gelb).
Vorwiegend festkochende Kartoffeln liegen dazwischen und vereinen teilweise die Kocheigenschaften von mehlig bis speckig. Geeignet für Salz- oder Bratkartoffeln, Kartoffelpuffer, Eintöpfe, Suppen und Aufläufe.
Beispiele für Sortenraritäten: „Goldsegen" (außen und innen gelb), „Roseval" (rotschalig), „Trüffel", „Olivia", „Blauer

Oben: Blütenbutter.
Mitte: Kürbisblüten.
Unten: Kosmeen.

Schwede“ (beide außen und innen blau), „Shetland Black“ (außen schwarzviolett, innen gelb).

Essbare Blüten

In vielen Rezepten verwenden wir essbare Blüten bzw. abgezupfte Blütenblätter. Je nach Verfügbarkeit und Rezept sind Blüten einiger Pflanzen zum Verzehr geeignet (wohlschmeckend und ungiftig). Eine Auswahl:
Klein: Lavendel, Rosmarin, Thymian, Ringelblume, Salbei, Basilikum, Dost, Ochsenzunge, Rotklee, Taubnessel
Mittel: Rosen, Stockrose, Borretsch, Gänseblümchen, Phlox, Cosmeen, Fuchsie, Duftpelargonie, Veilchen, Schnittlauch, Schnittknoblauch, Bärlauch, Indianernessel, Goldmelisse, Kornblume, Speisechrysantheme, Tagetes
Groß: Taglilien, Kapuzinerkresse, Zucchini, Kürbis, Haferwurzel, Schwarzwurzel
Bitte beachten Sie jedoch, dass Blüten auch Wirkstoffe enthalten. Dosieren Sie daher sparsam und wechseln sie ab. Pflücken Sie die Blüten dort, wo nicht gespritzt wird und kein starker Verkehr ist (Abgase, Feinstaubbelastung).
Folgende häufige Gartenpflanzen und ihre Blüten sind giftig: Akelei, Bilsenkraut, Schneerose, Eisenhut, Fingerhut, Goldregen, Maiglöckchen, Oleander, Hahnenfuß, Schierling, Stechapfel, Tollkirsche.

Essbare Pflanzenteile: Wurzel ja, Blatt nein, und umgekehrt?

Bei vielen Gemüsen essen wir nur einen bestimmten Teil der Pflanze: Bei Karotte und Schwarzwurzel ist es die Wurzel, beim Brokkoli und bei der Artischocke die Rose, beim Salat das Blatt. Diese Auswahl beruht oft „nur“ auf regionalen Gepflogenheiten und Gewohnheiten und relativiert sich, wenn man in die Küchen anderer Ländern oder in alte Gartenbücher schaut.
So ergeben Schwarzwurzel-*Blätter* einen feinen Salat, ein wenig Karotten-*Grün* kann man wie Petersilie aufs Essen streuen, der geschälte Brokkoli-*Stiel* schmeckt besonders lecker, bei der Artischocke sitzt der feinste und intensivste Geschmack überhaupt im Stängel unter der Blüte, und in Südostasien wurden Salate für die Nutzung des *Stiels* gezüchtet. In vielen Rezepten in diesem Buch kommen die Gemüse mehrfach vor – z.B. als „Hauptdarsteller“ des Gerichtes und zusätzlich auch als Würze oder Dekoration. Wir wollen uns soweit wie möglich der ganzen Pflanze annähern. Außerdem verwenden wir Gemüse von bester Qualität, frisch und biologisch(-dynamisch) produziert oder eigenhändig im Garten angebaut. Daher sollten soweit möglich alle Pflanzenteile genutzt werden, statt auf dem Biomüll zu landen – und oft enthalten die weniger genutzten Teile des pflanzlichen Organismus zusätzliche wertvolle Inhaltsstoffe für unseren Körper. Dies gilt aber natürlich nicht für alle Pflanzen. Bitte informieren Sie sich also, bevor Sie Ihr Gemüse von der Wurzel bis zur Blüte aufessen, ob wirklich alle Pflanzenteile genießbar sind. Bei Nachtschattengewächsen wie Tomate, Paprika, Aubergine beispielsweise sollte man sich tatsächlich auf die reifen Früchte beschränken, da alle anderen Pflanzenteile giftige Alkaloide enthalten können.
Nach dem Schälen und Verarbeiten von Gemüse anfallende Reste können übrigens bei 70 °C im Ofen auf einem Blech mit Backpapier oder auf einem Kachelofen über Nacht getrocknet werden. Pulverisiert kann man sie in einem Glas gut verschlossen aufbewahren und als Streuwürze für Suppen, Saucen, Marinaden etc. verwenden. Wurzelgemüsesorten kann man alle gut miteinander mischen. Achtung nur bei Kohlgewächsen und auch z.B. Fenchel: Sie sind sehr dominant im Geschmack und überdecken feinere Geschmacksnuancen wie die von Wurzelgemüse.

Essig und Öl

Heute ist erfreulicherweise eine so große Auswahl von Essigen und Ölen erhältlich, dass man jedem Salatblatt und jeder Rübchenscheibe einen passenden Partner zur Seite stellen kann. Da gute, kaltgepresste Öle und biologisch produzierte Naturessige ihren Preis haben, werden sie aus psychologischen Gründen meist zum Viertelliterpreis in handlichen Kleingebinden angeboten. Der Vorteil ist, dass man auf diese Weise eine feine Auswahl im Küchenregal oder Kühlschrank unterbringen kann und dem Erforschen verschiedener Kombinationen nichts im Wege steht. So können natürlich auch die in unseren Rezepten vorkommenden Essige und Öle je nach persönlichen Vorlieben durch andere ersetzt werden!
Apfelessig zeichnet sich durch seinen typischen Geschmack und eine Vielfalt von sortenreinen Produkten aus. Er passt zu sehr vielen Speisen.
Die heute sehr beliebten, im Holzfass gereiften **Balsam-Essige** sind im Vergleich recht dominant. Man kann sie als geschmackliche „Lückenfüller“ bei Lebensmitteln einsetzen, die wenig Eigengeschmack haben, wie z.B. Winterpostelein, das nur zarten Eigengeschmack aufweist. Es genügen schon ein paar Tropfen dieser köstlichen Essenz. Wenn Sie Balsam-Essige verwenden, sollte Sie besonders auf die Qualität achten. Vielen handelsüblichen günstigen „Balsamico“-Essigen wird Zucker zugesetzt, schauen Sie auf dem Etikett nach!
Quittenessig schmeckt fein-fruchtig, trägt das zauberhafte

Aroma der Quitte, ist dabei aber wenig dominant. Das passt gut, wenn der Salat selbst einen ausgeprägten Geschmack hat, der zur Geltung kommen soll.
Marillenessig (Aprikosenessig) ist meist sehr geschmacksintensiv und entsprechend vorsichtig einzusetzen. Bei Süßspeisen ist dieses Aroma allerdings erwünscht.

In unseren Rezepten wird generell nicht scharf gebraten, Fette und Ölen sollten nie überhitzt werden. Das merkt man daran, dass das Öl raucht und stark zu riechen beginnt. Kaltgepresste Öle also bitte nur vorsichtig erwärmen, sie verlieren sonst wertvolle Inhaltsstoffe. Zum Braten haben wir Olivenöl, Traubenkern- oder Erdnussöl verwendet, die anderen eher zum Marinieren und Verfeinern.
Erdnussöl ist hoch erhitzbar. Kalt gepresstes hat es ein mildes Nussaroma und harmoniert gut mit Apfelessig. Es ist ideal zu Getreide, Reis und Kartoffelgerichten.
Hanföl eignet sich nicht zum Erhitzen. Mit seinem leicht harzigen bis rauchigen, dezent frischen Geschmack passt es zu kräftig schmeckendem Gemüse wie Kohl, Lauch oder Rettich. Zichorien-, Endivien- und Kartoffelsalat bekommt durch Hanföl eine extravagante Note.
Fein-nussiges **Haselnussöl** harmoniert besonders gut mit dem leicht scharfen Geschmack von Radieschen.
Olivenöl mit seiner frisch-fruchtig-eleganten Säure und seiner leichten, angenehmen Bitterkeit harmoniert am besten mit Zitronensaft. Es ist besonders gut verwendbar zum leichten Braten, Pochieren, Schmoren und Backen, zum Marinieren von Salat und Gemüse und zum Aromatisieren von Suppen und Saucen.
Raffiniertes **Rapsöl** ist geschmacksneutral, hat einen sehr hohen Rauchpunkt und ist daher ideal zum Braten, Backen etc. Ungefiltertes, hochwertiges Rapsöl besticht durch seine kräftige Farbe, schmeckt leicht nussig, eignet sich für Salate, zum Marinieren von Gemüse und zum Abrunden verschiedener Speisen.
Sonnenblumenöl hat einen sehr milden Geschmack und einen angenehmen Geruch. Dieses Öl kann vielseitig beim Kochen eingesetzt werden. Es passt besonders gut zu Mais, Fruchtgemüse, Linsen und Getreidegerichten.
Extrahiertes **Weintraubenkernöl** ist je nach Sorte goldgelb bis grün und schmeckt mild und fruchtig mit einer feinen Säure, die an Weintrauben erinnert. Durch den hohen Linolsäuregehalt ist es eine Bereicherung gesunder Ernährung. Ideal zum Vollenden von Gemüse, Fisch und Meeresfrüchten oder zu kurz gebratenem Wild und Rind. Bei Rohkost und Blattsalaten präsentiert sich diese spezielle Note besonders fein.

Fleisch und Fisch

An Fleisch und Fisch haben wir das verwendet, was wir in entsprechender Qualität in unserer Umgebung bekommen konnten. Besonders beim Fisch zählen für uns auch ökologische Kriterien. Die meisten Meeresfische sind heillos übernutzt, einige in ihren Beständen bereits völlig zerstört, andere, wie der Rote Thunfisch, vom Aussterben bedroht. Auch wenn der Verzehr mehrerer Portionen Meeresfisch pro Woche, wie oftmals empfohlen, aus Sicht der Ernährung vorteilhaft sein mag, liegt dieser Vorteil doch einzig und allein auf der Seite von uns Menschen und ist ökologisch nicht vertretbar.
Orientierung für den Einkauf von Meeresfischen bieten Fischführer wie die von WWF (www.wwf.at/ meere) und Greenpeace (www.greenpeace.de). Es gibt außerdem für Menschen, die gerne Fisch essen, auch gute Produkte aus heimischer Fischzucht. Biologisch gezüchtete Forellen und Saiblinge werden, soweit wir in Erfahrung bringen konnten, nicht mit Fischmehl aus Beifang gefüttert. Der friedliche Karpfen ist aus ökologischer Sicht sowieso zu empfehlen, verdient aber auch als Speisefisch eine Renaissance.

Grillen über Holzfeuer

Beim Grillen trägt die Holzauswahl zum Geschmack sehr viel bei. Das Holz sollte im besten Fall zwei Jahre getrocknet sein. Sehr gut geeignet ist Buche, Esche, Eibe, Birke oder Eiche. Aber auch Apfel, Kirsche und Weinstöcke eignen sich sehr gut, da sie nicht so harzig sind wie Holz von Fichten, Tannen oder Lärchen, das zum Grillen wenig empfehlenswert ist.
Die Feuerstelle wird idealerweise mit Tonziegeln oder Steinen ausgelegt, sodass der Grillrost darauf passt. Einen Holzturm im Feuerraum aufbauen; anfeuern und bis zur Weißglut herunterbrennen lassen. Dann den Rost darüber legen. Den Abstand zur Glut so groß wählen, dass langsames Grillen möglich ist. Gegrillt wird über der Hitze der Weißglut ohne Flamme.
Wenn Fleisch, Fisch und Gemüse vor dem Grillen Raumtemperatur haben, erreicht man gleichmäßigeres Garen. Fleisch sollte besser erst nach dem Grillen gesalzt werden, da sonst zu viel Saft entzogen wird, es trocknet aus und wird hart.
Grillgut auf den heißen Rost auflegen. Fleisch nur einmal umdrehen, nämlich dann, wenn sich Tröpfchen von Flüssigkeit auf der Oberseite zu bilden beginnen. Fertig gegrilltes Fleisch vom Rost nehmen, kurz ruhen lassen und servieren. Auf diese Weise duftet das Fleisch nach dem Grillen nach Holz und hat eine appetitlich gebräunte Farbe, ist jedoch niemals schwarz. Grillgut erreicht an seiner Oberfläche hohe Temperaturen,

dadurch gerinnt das Fleischeiweiß, die Kohlenhydrate karamellisieren und es bildet sich rasch eine Kruste. Sanftes Grillen ist eine schonende Art der Zubereitung, die fettarm erfolgen kann und bei der viele wertvolle Inhaltsstoffe erhalten bleiben.
Eine andere, etwas „archaischere" Grillmethode haben wir in diesem Buch beim Karpfen im Ganzen angewendet. Zum Grillen über offenem Holzfeuer nützt man die seitlich abstrahlende Hitze des Feuers, indem man Fisch oder Fleisch auf einer langen Gabel fixiert und den Stiel in mindestens einem Meter Entfernung schräg zur Feuerzunge in den Boden rammt. Die Grilldauer eines Karpfens von dreieinhalb Kilogramm beträgt ca. eine Stunde, was Hans Reisinger so beschreibt: „Durch das ständige Dabeisein und öftere Drehen des Fisches ist es eine sehr meditative Art der Zubereitung. Wenn man das einmal gemacht hat, wird man davon nicht mehr lassen können!"

Grubenkraut

Grubenkraut wird von der Internationalen Slow Food Foundation als österreichisches Presidio gelistet. Nähere Informationen zu dieser traditionellen Spezialität finden Sie auf Seite 142. Siehe auch www.archeprojekt.at, www.grubenkraut.at.

Honig

Für unsere Rezepte haben wir einen besonderen Honig verwendet: Ron Richter, der „Bienenfreund", ist Bioimker und betreut über 100 Bienenvölker in Niederösterreich. Er „verleiht" Bienenstöcke an GartenbesitzerInnen. Auch im ARCHE NOAH Schaugarten in Schiltern steht ein großer Schaubienenstock, der einen Blick ins Innenleben ermöglicht und Jahr für Jahr tausende Kinder und erwachsene BesucherInnen begeistert. Im Shop gibt es den Honig aus dem vielfältigen Garten in verschiedenen Varianten – zum Beispiel auch als Wabenstücke, die einen herrlichen Biokaugummi abgeben – zum Mit-nach-Hause-Nehmen.
Mehr dazu: www.derbienenfreund.at.
Honig, auch Biohonig, aus dem Handel stammt oft nicht aus Österreich. Da manche schon von einem „Imkersterben" in Österreich sprechen, ist es naheliegend, etwas dagegen zu unternehmen und sich selbst einen Imker oder eine Imkerin in der Umgebung zu suchen. Auch preislich macht es Sinn, sich zuhause einen kleinen Honigvorrat anzulegen.

Kochringe aus Edelstahl

Die Ringe, die hier zum Einsatz kommen, sind ebenso einfache und kostengünstige wie universell nutzbare Küchenhilfsmittel, die in jeder Küche gute Dienste leisten können – zum Formen von Laibchen, zum Anrichten und für viele andere Einsatzmöglichkeiten.

Mengenangaben

1 Tasse: ca. 250 ml
1 Bund Kräuter: ca. 50 g, fingerdicke Stängel-Büschel
1 TL: ca. 10 g
1 EL: ca. 20 g
1 Handvoll Blätter: ca. 80 g
1/8 l: 125 ml
1/4 l: 250 ml
1 Schuss: ca. 20 cl

Pasteurisieren

Gefüllte Gläser auf Papier oder Leinentücher in einen großen Topf stellen. Mit Wasser anfüllen, sodass die Gläser mindestens halb im Wasser stehen. Aufkochen und dann zugedeckt leicht köcheln lassen (ergibt ca. 90 °C). Gläser mit 0,5 l Inhalt sollte man 15–20 Minuten köcheln lassen, größere Gläser etwas länger.

Presidi (Slow-Food-Förderkreise)

Presidi (Slow-Food-Förderkreise) sind regionale Kleinprojekte der Slow Food Foundation, in denen ein Fokus auf ProduzentInnen gelegt wird, die sich zusammengeschlossen haben, um ein hochqualitatives, einzigartiges, regionales Produkt zu bewahren. Den ProduzentInnen soll dabei geholfen werden, in modernen Märkten mit ihren traditionellen Produkten überlebensfähig zu werden und zu bleiben. Die Form der Unterstützung kann sehr mannigfaltig sein. In einem Presidio kann die Lösung von produktionstechnischen Problemen im Vordergrund stehen, in einem anderen können das Vermarktungsfragen sein oder Fragen der Preisbildung.
mehr zu Slow-Food-Gruppen und -Projekten in Österreich: wwww.slowfoodfoundation.org, www.slowfoodaustria.at, www.archeprojekt.at.

Salz und Pfeffer

Bei einigen unserer Rezepte finden Sie in der Zutatenliste kein Salz. Denn oft geht es auch ohne Salz, da die natürlichen Aromen von Gemüsen und Kräutern bereits für einen runden Geschmack sorgen. Es gibt viele Küchen, die früher fast ohne

Salz ausgekommen sind, wie zum Beispiel die asiatische oder die südamerikanische. Wichtig auch: erst salzen, nachdem man das Gericht probiert hat!
In manchen Fällen – wie zum Beispiel beim Kochen von Bohnen – ist Salz nachteilig für den Garprozess. In manchen Fällen wiederum jedoch wird Salz eingesetzt, um Flüssigkeit zu entziehen und Saucen einzudicken (Tomatensauce).
Generell haben wir Steinsalz verwendet. Pfeffer haben wir immer frisch gemahlen oder gemörsert, da sich die Aromaduftstoffe rasch verflüchtigen.

Schwarzwurzeln und Haferwurzeln

Wenn man die Wurzeln rasch in Mehlwasser (in 1 l Wasser 2 EL Mehl gut verrühren und ein paar Minuten stehen lassen) einlegt, erhält sich die weiße Farbe, da die Stärke des Mehls die Poren verschließt, und man kann ein Verfärben der Wurzeln verhindern.
Nach dem Schälen muss man die Hände gut schrubben oder man zieht Handschuhe an. Denn der Milchsaft der Wurzeln klebt ziemlich an den Händen.

Strudeläpfel

Gute Strudeläpfel sind groß und säuerlich. Unter den alten Standardsorten, die man heute bei uns noch auf vielen Streuobstwiesen findet, wären zu nennen:
Wenig haltbare **Sommeräpfel**: „James Grieve"
Herbstäpfel: „Geflammter Kardinal", „Peasgood Sondergleichen", „Kaiser Alexander", „Galloway Pepping", „Gravensteiner"
Gut haltbare **Winteräpfel**: „Boskoop", „Kanadarenette", „Brünnerlinge" (z.B. „Welschbrunner"), „Schmidberger Renette", „Osnabrücker Renette" (graue Renette, eine Art Lederapfel), „Steirischer Maschanzker" (als nicht zerkochender Apfel wurde er zu Beginn des 20. Jahrhunderts in der gehobenen Gastronomie Wiens sehr gern verwendet), „Roter Pogatschapfel" (syn. „Haslinger"; Pogača = Kuchen, Fladen)
Von den modernen Handelssorten eignen sich unserer Ansicht nach z.B. „Elstar", „Cox Orange" und „Topaz".

Talggen

Talggen ist ein österreichisches ARCHE Produkt aus der Slow Food ARCHE des Geschmacks (mehr dazu auf www.archeprodukt.at). Nähere Informationen zu diesem alten Lebensmittel finden Sie auf Seite 21.

Temperatur beim Garen

Bitte achten Sie darauf, dass die Temperatur beim Braten nicht zu hoch ist und auch das Dünsten und Kochen kurz gehalten werden. In diesem noch leicht knackigen, bissfesten Zustand kommen Gemüseraritäten am besten zur Geltung; und so werden auch wertvolle Inhaltsstoffe geschont.

Toastbrot statt Knödelbrot und Semmelbrösel?

Wir verwenden häufig zerkleinertes frisches Toastbrot oder Weißbrot statt fertigem Knödelbrot und Semmelbröseln (Paniermehl). Das hat gute Gründe. Denn Brösel sind trocken und sehr saugfähig. Toastbrot hingegen ist flaumig, lockert auf und macht Gerichte nicht trocken, da es fast keine Flüssigkeit aufnimmt. Vollkorntoast oder Dinkeleinkornbrot schmecken vollmundiger als normaler Tost und erfüllen denselben Zweck.

Trockenbohnen kochen

Jedes Böhnchen ein Tönchen? Um die blähende Wirkung von Bohnen zu mildern, kann man folgende Regeln beachten:

- Bohnen stets einweichen und das Wasser wegschütten – und mit ihm gelöste Mehrfachzucker, die wir nicht verdauen können.
- Bohnen nie mit Salz oder Säure (z.B. Essig, Tomaten) kochen, denn dies erschwert das Garwerden und macht die Bohnen schwerer verdaulich. Durch Zugabe von Salz oder säurehaltigem Gemüse wird der Garprozess gestoppt, die Bohnen zerfallen daher bei der weiteren Zubereitung nicht.
- Empfehlenswert ist der Gebrauch von Bohnenkraut, das mit seinen ätherischen Ölen eine sanfte verdauungsstärkende Wirkung entfaltet.
- Wenn Bohnengerichte häufig genossen werden, gewöhnt sich die Verdauung etwas daran.

Vanille

Echte Vanille wird aus den fermentierten Schoten einer Orchideengattung gewonnen. In Vanillezucker ist oft industriell hergestelltes Vanillearoma enthalten. Der Geschmack der echten Vanille ist wesentlich feiner und vielschichtiger.
Um an das Mark zu gelangen, muss man Vanilleschoten aufschlitzen und das Mark herauskratzen. Hauptaromaträger ist jedoch die Schote selbst. Die darin enthaltenen Aromastoffe können durch Aufkochen in Milch oder anderen Flüssigkeiten gewonnen werden. Die abgewaschene und getrocknete Schote können Sie mehrfach verwenden.
Wenn Sie Vanilleschoten mit Zucker in einem gut verschließbaren Gefäß aufbewahren, erhalten Sie selbst gemachten Vanillezucker. Gefäß von Zeit zu Zeit schütteln.

Waschen

Da wir fast alle Gemüse- und Obstsorten aus dem ARCHE NOAH Schaugarten oder von bekannten Bioproduzenten bezogen haben, konnten wir auf exzessives Waschen der Produkte vor dem Kochen verzichten – außer es war notwendig, weil Erde auf den Blättern war o.Ä.
Gemüse, insbesondere alle Blätter, stets möglichst kurz waschen und nie lange in Wasser einweichen, damit die wasserlöslichen Vitamine nicht verloren gehen. Vor der Weiterverarbeitung gut abtropfen lassen.

Zitronen auspressen

Zitrone auf einer harten Unterlage kräftig hin- und herrollen, bis sie sich anfühlt wie ein weichgekochtes Ei. So werden die Fruchtkammern zerstört und die Zitrone lässt sich leichter auspressen.

Zucker

In unseren Rezepten wurde zumeist Vollrohrzucker verwendet, eine unraffinierte Zuckersorte aus dem Saft des Zuckerrohrs mit grauer bis kräftig brauner Farbe. Er hat einen vollen, aromatischen Eigengeschmack und weist einen niedrigeren Schmelzpunkt auf als Kristallzucker. Bei seiner Verwendung in Teigen entstehen kleine Zwischenräume, also Poren, der Teig bekommt dadurch eine interessantere Struktur als bei der Verwendung von normalem oder Staubzucker (Puderzucker).

Oben: Blaufleckige Wachtelbohnen.
Mitte: Haferwurzeln.
Unten: Horneburger Pfannkuchenapfel.

Ausgewählte Bezugsquellen für Lebensmittel

Sortenraritäten-Einkaufsführer im Internet

- Eine ausführliche, laufend aktualisierte Liste von österreichischen BioproduzentInnen, die Sortenraritäten vermarkten, ebenso wie eine Übersicht zu Bauernmärkten und Abo-Kistl-AnbieterInnen mit Gemüsevielfalt in Österreich finden Sie unter www.arche-noah.at/Services. Danke für Ihre Rückmeldung mit Korrekturen und Ergänzungen an office@arche-noah.at!
- Viele Biobetriebe und Bioläden in Österreich kann man auf www.biomaps.at nachschlagen. Dabei ist eine Suche nach Produktgruppen und Bundesland möglich. Am besten die „Listenansicht“ wählen. Hier findet man auch Bio-Imker in ganz Österreich.
- Für Deutschland kann man sich über die Seite www.hier-waechst-vielfalt.de über verschiedene Initiativen zur Erhaltung der Sortenvielfalt informieren (siehe dazu auch Anbautipps, S. 197). Einen umfassenderen Einkaufsführer gibt es unserem Informationsstand nach jedoch nicht.
- In der Schweiz hat die Erhaltungsorganisation Pro Specie Rara einen Internet-Marktplatz für Produkte aus gefährdeten Pflanzensorten und Nutztierrassen aufgebaut. Hier kann man auch nach Bezugsquellen suchen: www.prospecierara.ch/marktplatz.
- Gute Ansprechpartner für Adressen in Südtirol sind die Fachschulen Salem (www.fachschule-salem.it, Dr. Michaela Krause) und Laimburg (www.laimburg.it) sowie www.sortengarten-suedtirol.it und www.ahrntalnatur.com.
- Ein Blick lohnt auch auf die Webseite www.mundraub.org für frei nutzbares Obst und Gemüse im deutschsprachigen Raum.

Internetversand mit Vielfalt

- www.vielfalt.com
- www.luculta.com
- www.boomgardenshop.de

Ausgewählte Abo-Kisten-Anbieter mit Gemüsevielfalt

Österreich

- Biohof Ochsenherz (Ernte-Anteilskisten), Raum Wien: www.ochsenherz.at
- Biohof Adamah, Raum Wien und Niederösterreich: www.adamah.at

Marktstand Biohof Rapf, Wiener Kutschkermarkt.

Marktstand Biohof Ochsenherz, Wiener Naschmarkt.

Bioabokiste von Biohof Adamah

- Biohof Achleitner, Raum Eferding: www.biohof.at
- Mitters gesunde Ökokiste, Raum Wien und Niederösterreich: www.mitters-oeko-kiste.at
- Wurzelwerk Christine Klestorfer, Raum Weinviertel: www.wurzelwerk.co.at
- Gemüse Abo Kistl Kamptal Markus Hohenecker & Tristan Toé, Raum Unteres Kamptal und Horn, 0664/5156625, markus.hohenecker@aon.at

Deutschland

- Ökokiste Schwarzach, Nähe Würzburg: www.oekokiste-schwarzach.de
- http://www.bioeinkaufen.de/ (unter der Rubrik Bio-Lieferservice finden Sie Abo-Kisten-Anbieter in Ihrer Region)

Südtirol

- www.biokistl.it

Ausgewählte Marken mit Vielfalt in biologischer Qualität in Supermärkten

- In Österreich findet man bei „Ja! Natürlich" (Billa/Merkur) zur Saison Biorariäten von Tomaten, Paprika und Kartoffeln, Apfel-Birnen-Saft von Streuobstwiesen und Produkte aus alten Getreidesorten (eine Kooperation mit ARCHE NOAH).
- In der Schweiz bietet COOP Produkte aus Sortenraritäten und alten Nutztierrassen von Pro Specie Rara an, überwiegend in Bioqualität.

Ausgewählte Bezugsquellen für einzelne Produkte

Einkorn, Emmer und andere alte Getreidesorten
Bereits in vielen Bioläden und (Bio-)Supermärkten erhältlich. Ein wichtiger Bioproduzent ist www.meierhof.at.

Erdmandeln
Bioläden, Biosupermärkte (meist importiert aus Spanien) sowie einzelne ProduzentInnen

Essige und Öle (Online-Versand) in Sorten, teilweise aus biologischer Produktion

- Gölles Schnapsbrennerei und Essigmanufaktur www.goelles.at
- Gegenbauer Wiener Essig Brauerei: www.gegenbauer.at
- Fischerauer – Alles um den Essig: www.essig.at
- Ölmühle Fandler: www.fandler.at

Bohnen

- Wachtelbohnen gibt's in etwas besser sortierten Bioläden und Supermärkten. Am besten trocken kaufen und selber einweichen. Außerdem sollte man auf Bauernmärkten nach getrockneten oder vorgekochten Bohnen Ausschau halten.
- Speise-Ackerbohnen oder Puffbohnen sind gar nicht so leicht zu bekommen. Am ehesten in türkischen Läden, bei türkischen Marktständen oder türkischen Ecken in Supermärkten.

Fisch und Fleisch
Direktvermarktende Betriebe und Informationen zu Fisch und Fleisch in Bioqualität sind u.a. hier zu finden:

- www.biomaps.at
- www.bioland.de/kunden/einkauf.html
- www.demeter.de
- www.bio-suisse.ch/de/fisch.php
- www.knospehof.ch
- www.biobeef.it

Grubenkraut

- Waltraud Froihofer, 8654 Fischbach 82, T +43 (0) 699/113 501 42
- Fritz Burger, 2873 Feistritz 123, T +43 (0) 2644/202 09

Kartoffeln

- Waldviertler Erdäpfel – Erpfiregion Lainsitztal: www.erpfi.at
- Tartufflis Onlineshop: www.erlesene-kartoffeln.de
- Ellenbergs Kartoffelvielfalt: www.kartoffelvielfalt.de
- Kartoffelraritäten sowie ein größeres Spektrum an Sorten bieten mittlerweile zur Saison auch viele Bioläden und -supermärkte an.

Safran

- Crocus Austriacus – Wachauer Safran. Bietet Demeter-Qualität, führt auch Safran-Produkte sowie Knollen für die eigene Safran-Kultur: www.crocus-austriacus.at.
- Biosafran gibt es z.B. auch von Herbaria (erhältlich in Bioläden, Biosupermärkten), importiert aus Neuseeland. Lieber Fäden nehmen als gemahlenen Safran!

Talggen
Johanna Sommeregger, St. Peter 19, A-9800 Spittal, kontakt@biohof-sommeregger.at (wird auch zugeschickt).

Schokolade
Handgeschöpfte Schokolade, bio und fair produziert, gibt's von Zotter: www.zotter.at.

Ein ausführliches, laufend aktualisiertes Adressenverzeichnis finden Sie auf www.arche-noah.at/Services.

Brokkolianbau im Blumenkasten.

Tipps zum Gemüse- und Kräuteranbau in Kästen und Kübeln, Kulturanleitungen & Bezugsquellen fürs Gärtnern

Winterpostelein fühlt sich wohl im Blumenkasten.

Was tun, wenn man bestimmte Gemüse nicht auftreiben kann, aber auch keinen Garten für den eigenen Anbau zur Verfügung hat? Für einige Pflanzen reicht ein handelsüblicher Blumenkasten völlig aus. Im Folgenden haben wir für Sie die wichtigsten Grundlagen der Kübelgärtnerei sowie Kulturanleitungen für Gemüseraritäten zusammengestellt, die man auf dem Markt nicht kaufen, aber auch auf kleinem Raum selbst kultivieren kann.

Auf Pflanzen, deren Anbau mit größerem Aufwand verbunden ist oder mehr gärtnerisches Vorwissen erfordert, haben wir dabei bewusst verzichtet. Dazu gibt es gute Gartenfachbücher, die die Informationen in der notwendigen Ausführlichkeit vermitteln.

Außerdem finden Sie in diesem Kapitel ausgewählte Bezugsquellen für Saatgut und Pflanzen, Literatur und alles, was man sonst für den erfolgreichen Eigenanbau noch braucht.

ARCHE NOAH Mitarbeiterinnen lieben die Pflanzenvielfalt. Oben: Maria Hagmann. Mitte: Marion Schwarz. Unten: Elisabeth Veen.

Tipps zum Gemüse- und Kräuteranbau in Kästen und Kübeln

Pflanzgefäße

Von teuren Terrakotta-Töpfen bis zur alte Babybadewannen, Maurereimern oder leeren Säcken können Sie prinzipiell alles als Pflanzgefäße verwenden. Damit die Kultur gelingt, gilt es dabei Folgendes zu beachten:

Die Gefäßgröße muss zur Pflanzengröße passen. Grundsatz dabei: lieber zu groß als zu klein, lieber ein Gemüse weglassen und sich fürs nächste Jahr aufheben, als Pflanzen verhungern sehen ...

Löcher im Boden und eventuell eine Drainageschicht aus Tonscherben, Tonkügelchen, Schotter oder Ähnlichem sorgen für einen guten Wasserabzug.

Tongefäße sind im Gegensatz zu Plastikgefäßen atmungsaktiv, es kommt also weniger zu Fäulnis. Allerdings trocknet die Erde in ihnen schneller aus, und sie sind meist nicht frostbeständig. Manche Plastikgefäße sind hingegen nicht dauerhaft UV-beständig und werden brüchig. Wenn Sie hölzerne Pflanzgefäße kaufen, achten Sie auf langlebige, heimische Hölzer – zum Beispiel Lärche.

Beachten Sie, dass aus statischen Gründen 250 kg/m² auf einem Balkon nicht überschritten werden sollten. Dieses Gewicht wird mit großen Pflanzgefäßen schnell erreicht.

Sorgen Sie aus Sicherheitsgründen für gute Befestigung, vor allem aller hängenden und freistehenden Töpfe!

Erden

Nährstoffarme Anzucht-Erden für die Aussaat im Hobbybereich, die torffrei und biologisch sind, gibt´s manchmal in Gartencentern. Alternativ verwenden Sie ein Gemisch aus gleichen Teilen (nicht gedüngter!) Erde und Sand.

Zum Pflanzen können Sie, wenn verfügbar, selbst Gartenerde mit Kompost mischen. Auch biologische, torffreie Blumenerde ist mittlerweile in vielen Gartencentern, Baumärkten und teilweise sogar im Supermarkt erhältlich. Am besten mit rund 30 % Gartenerde und, je nach Topfgröße, einigen Händen Kompost mischen.

Im Folgejahr sollten kleinere Gefäße neu mit Erde gefüllt werden; die alte Erde wandert zum Kompost. Bei großen Pflanzgefäßen eventuell nur die oberste Schicht der Erde (ca. 30–40 cm) austauschen.

Brokkoli gedeiht im Blumenkasten.

Jungpflanzen vom Forellenschluss-Salat.

Aussaat

Die meisten hier beschriebenen Kulturen brauchen keine Voranzucht. Sie können direkt in Balkonerde eingesät werden. Die Erde am besten *vor* der Aussaat gießen, dann aussäen (die Abstände sind jeweils bei den einzelnen Pflanzen angegeben) und anschließend die Samen mit einem feuchten Sand-Erde-Gemisch bedecken. Dieses gleichmäßig andrücken (z.B. mit einem kleinen Holzbrett). Eine Erdschicht von ca. 1 cm Dicke ist für die meisten hier vorgestellten Arten passend.

Mulchen

Töpfe neigen dazu, rasch auszutrocknen. Nicht zuletzt deswegen sollte man auch Topfkulturen mulchen, besonders wenn die jungen Pflanzen noch klein sind. Dazu nach dem Gießen z.B. angewelkten Grasschnitt, zerkleinertes Laub oder, wenn nichts anderes zur Hand ist, gekauftes Heu für Kleintiere max. 1–2 cm hoch rund um die Pflanzen aufbringen.

Düngung

Beim Befüllen der Gefäße die Erde mit **Langzeitdünger** vermischen (1 bzw. 1 1/2 Handvoll pro 40 cm Blumentopf). Die Nährstoffe lösen sich langsam und stehen über einen längeren Zeitraum hinweg den Pflanzen zur Verfügung. Geeignet sind Hornspäne, Nieem (zugleich pflanzenstärkend, schützt vor allen saugenden und fressenden Schädlingen), Biovin (aus Traubentrester) oder Urgesteinsmehl (stellt viele Mineralstoffe zur Verfügung). Außerdem gibt es fertige Biomischungen.
Je nachdem, ob Ihr Gemüse zu den Stark- oder Schwachzehrern zählt, müssen Sie auch nach dem Eintopfen für Nährstoffnachschub sorgen. Hier bieten sich **Flüssigdünger** an. Wir bei ARCHE NOAH gießen getopfte Pflanzen mit höherem Nährstoffbedarf ab Mai wöchentlich mit Brennnessel-Beinwell-Jauche. Die Jauche setzt man 8–14 Tage lang an. Dazu einen mit Blättern gefüllten Eimer mit Wasser auffüllen. 1:10 mit Wasser verdünnt verwenden. Im Handel gibt es auch Brennnesselpulver und fertige Bioflüssigdünger.
Darüber hinaus empfiehlt sich der Einsatz von **Pflanzenstärkungsmitteln**. Diese dienen zur Festigung der Zellstruktur und zur Gesunderhaltung der Pflanze. Am einfachsten anzuwenden sind Tees aus Schachtelhalm, Schafgarbe oder Brennnessel, die aufgespritzt oder gegossen werden.

Ausgewählte Literatur zu Gemüseraritäten und zum Balkongärtnern

Andrea Heistinger: Arche Noah Handbuch Biogemüse. Innsbruck 2010.
Andrea Heistinger: Arche Noah, Pro Specie Rara: Handbuch Samengärtnerei. Innsbruck 2004.
Ute Klaphake, Karin Lüdemann, Dierk Jensen: Reichtum ernten - Vielfalt im Gemüsebeet. Stuttgart 2009.
Karl Ploberger: Balkone und Terrassen naturnah gestalten. Wien 2008.
Arthur Schnitzer: Gärtnern ohne Gift: Ein praktischer Ratgeber. Wien 2006.
Wolf-Dieter Storl und Paul Silas Pfyl: Bekannte und vergessene Gemüse. Heilkunde, Ethnobotanik, Rezepte. Aarau 2005.

Garten gesucht

Gartenprojekte zur Inspiration und zum Mitmachen
www.gartenpolylog.org
http://eine-andere-welt-ist-pflanzbar.urbanacker.net
www.stiftung-interkultur.de

Kulturanleitungen

Wenn Sie eine Pflanze nicht finden können, schauen Sie bitte unter dem übergeordneten Stichwort nach, z.B. „Kräuter" für „Salbei".

Andenbeere (*Physalis peruviana*)
Sehr ausladende Pflanzen, bis 1,5 m hoch. Anbaugefäße mit mind. 60 cm Durchmesser verwenden. Jungpflanzen ab Mitte Mai auspflanzen (80 x 80 cm pro Pflanze). Vollsonnigen Standort wählen. Gießen wenn erforderlich. Ev. alle 3–4 Wochen dem Gießwasser Dünger zusetzen. Nebentriebe entfernen, nur 4–8 Haupttriebe belassen. Mit Stäben stützen. Ernte frühestens ab Juli/August. Andenbeeren sind eher Starkzehrer; ein Zuviel an Stickstoff führt jedoch zur Ausbildung von sehr viel Blattmasse und verzögert die Reife.

Aubergine, Melanzana (*Solanum melongena*)
Anbaugefäße mit mind. 50 cm Durchmesser verwenden. Jungpflanzen ab Mitte Mai auspflanzen (mind. 50 x 50 cm pro Pflanze). Vollsonnigen Standort wählen. Regelmäßig gießen. Einmal pro Woche dem Gießwasser Dünger zusetzen. Bei Anbau in Wintergärten und anderen windstillen Orten Blüten regelmäßig schütteln, um gute Bestäubung zu gewährleisten. Ernte ab August. Pflanzen werden bis 80 cm hoch.

Eiskraut (*Mesembryanthemum crystallinum*)
Einfache Balkonkästen als Anbaugefäße ausreichend. Aussaat Mitte Mai direkt; oder Jungpflanzen vorziehen und ab Mitte Mai auspflanzen (ca. 6 Pflanzen pro Balkonkasten). Vollsonnigen Standort wählen. Gießen wenn erforderlich, verträgt eher Trockenheit als Nässe. Alle 1–2 Wochen dem Gießwasser Dünger zusetzen. Ernte von Juli bis Oktober. Alle 1–3 Wochen die Triebspitzen abschneiden, Pflanzen treiben nach.

Erbse (*Pisum sativum*)
Balkone sind meist zu warm. Am ehesten könnte man den Anbau von Erbsen auf einem nordseitigen Balkon bei sehr frühem Anbau in mit Sand abgemagerter Erde versuchen.

Erdmandel (*Cyperus esculentus*)
Einfache Balkonkästen als Anbaugefäße ausreichend; oder 4 Pflanzen pro 10 l Topf. Erde mit Sand vermischen. Knollen

2 Tage in Wasser vorquellen und in Aussaatschalen vorziehen. Mitte Mai setzen (20 cm Pflanzenabstand, Reihenabstand 40 cm bei größeren Gefäßen). Vollsonnigen Standort wählen. Regelmäßig gießen. Ernte nach den ersten Frösten. Knollen waschen und trocknen; dann wie Nüsse lagern. Pflanzen werden ca. 30 cm hoch.

Fenchel (*Foeniculum vulgare*)
Der Anbau von Knollenfenchel auf dem Balkon ist unserer Erfahrung nach eher nicht Erfolg versprechend und wird daher hier nicht beschrieben. Gewürzfenchel kann gut in Kübeln angebaut werden: Aussaat März/April, 50 cm Abstand zwischen den Pflanzen. Diese werden bis zu 2,5 m hoch und sind sehr attraktiv.

Gartenmelde (*Atriplex hortensis*)
Einfache Balkonkästen (bei regelmäßiger Ernte, damit die Pflanzen nicht zu hoch werden) als Anbaugefäße ausreichend. Auf frisches Saatgut achten, bei Gartenmelde gibt es oft Probleme mit der Keimfähigkeit. Aussaat März bis Juni, 2 Reihen in einem normalgroßen Balkonkasten. Oder einreihig als hübsche Einfassung für größere Tröge. 1 cm Erdbedeckung der Samen reicht; Keimung nach ca. 8 Tagen. Wenn 3–4 Blätter da sind, Pflanzen auslichten. Regelmäßig gießen! Düngen nicht erforderlich. Ernte: ungefähr wöchentlich Haupttriebe (oberste 10 cm) abzwicken, Pflanzen treiben nach. Gegebenenfalls einige schöne Pflanzen als Samenträger stehenlassen. Beerntete Pflanzen werden ca. 30 cm, blühende bis 2 m hoch.

Haferwurzel (*Tragopogon porrifolius*)
Siehe Schwarzwurzel.

Kardone, Cardy (*Cynara cardunculus*)
Auslandende Pflanzen mit entsprechendem Platzbedarf, wird bis 1,5 m hoch. Gute Topfkultur, attraktive Pflanze. Anbaugefäße mit mind. 50 cm Durchmesser wählen, ebenso wichtig ist ausreichende Tiefe (Pfahlwurzel). Jungpflanzen vorziehen und ab Mitte Mai auspflanzen, dabei 1 x 1 m Standraum pro Pflanze rechnen! Vollsonnigen Standort wählen. Regelmäßig gießen. Alle 1–2 Wochen dem Gießwasser Dünger zusetzen. Ab September Pflanzen vorsichtig lose zusammenbinden und mit Jute, Karton o.Ä. umwickeln, sodass oben nur der Blattschopf herausschaut. Nach 2–4 Wochen ist das Bleichen abgeschlossen und die Blattstiele können geerntet werden.

Karotte (Möhre) (*Daucus carota*)
Anbaugefäße sollten möglichst tief sein (mind. 30 cm), dann kann man auch violette Sorten („Syrische Violette", „Ha-Utsch", „Zanahoria Morada") mit längeren Wurzeln versuchen. Sonst Sorten mit kurzen oder runden Wurzeln (z.B. „Pariser Markt", „Rondo", „Ochsenherz") wählen. Aussaat ab März in mehreren Sätzen im Abstand von 2 Wochen; 30 cm Abstand zwischen den Reihen. Junge Pflänzchen vereinzeln, damit die einzelnen Pflanzen ausreichend Standraum bekommen. Vollsonnigen Standort wählen. Regelmäßig gießen. Düngen nicht notwendig.

Kartoffel (*Solanum tuberosum*)
Anbaugefäße mit mind. 50 cm Durchmesser wählen; können sehr tief sein (z.B. ein Fass). Zuerst nur halb füllen, Erde weiter auffüllen, wenn die Jungpflanzen ca. 30 cm hoch sind („Anhäufeln"). Knollen Anfang Mai (an geschützten Plätzen schon März/April) 10 cm tief legen (30 x 50 cm Abstand). Vollsonnigen Standort wählen. Gießen wenn erforderlich. Ev. alle 3–4 Wochen dem Gießwasser Dünger zusetzen. Ernte je nach Sorte ab Ende Juni bis September.

Kerbelrübe (*Cherophyllum bulbosum*)
Keine Anbauerfahrungen im Topf bekannt. Für alle, die es versuchen wollen: Anbaugefäße sollten ausreichend tief sein (mind. 20 cm). Erde mit Sand vermischen, ganz frisches Saatgut verwenden. Aussaat September bis Dezember (Frostkeimer), Reihenabstand 30 cm. Die Samen keimen im Frühjahr. Kleine Pflanzen auf 4–6 cm vereinzeln, damit sie ausreichend Standraum haben. Halbschattig aufstellen und regelmäßig gießen. Düngen nicht erforderlich. Ab Juni beginnt die Pflanze, wie es in der Gärntnersprache heißt, „einzuziehen": Das Laub vergilbt und die Rüben können geerntet werden. Blühende Pflanzen werden bis 80 cm hoch.

Knollenziest (*Stachys sieboldii*)
Nennenswerte Ernten nur in größeren Trögen (oder Hochbeeten o.Ä.) erzielbar. Knollen ab Februar in kleinen Töpfen oder Balkonkästen vorziehen (8–10 cm tief), ab März in größere Gefäße pflanzen (20 cm Pflanzenabstand und 50 cm Reihenabstand). Knollenziest braucht viel Platz für die Wurzeln, nicht in Mischkultur anbauen. Gießen wenn notwendig, Erde nicht austrocknen lassen (Boden mulchen). Ev. ab Juni dem Gießwasser Dünger zusetzen. Laufende Ernte ab Oktober. Pflanzenhöhe ca. 30 cm.

Kohl (Blattkohle) (*Brassica oleracea*)
Blattkohle sind meist sehr dekorativ. Vor allem kleinere Sorten (0,5–1 m Höhe) lassen sich gut in großen Töpfen, Containern und Hochbeeten kultivieren, wie z.B. Palmkohl, der auch hitzeverträglich ist. Jungpflanzen ab Mai vorziehen und im Juni/Juli auspflanzen, dabei 50 x 50 cm Standraum pro Pflanze rechnen. Vollsonnigen Standort wählen. Regelmäßig gießen! Ab und zu dem Gießwasser Dünger zusetzen. Ernte der Blätter ab dem ersten Frost (winterhart!).

Kräuter
Kräuter lassen sich problemlos in Töpfen/Kästen auf der Fensterbank, dem Balkon oder der Terrasse ziehen. Günstig ist ein heller, vorzugsweise sonniger Standort. Einige Kräuter (zum Beispiel Thymian) mögen eher nährstoffarmen kargen Boden, hier kann man etwas Sand unter die Erde mengen. Keinesfalls sollte Staunässe entstehen, also darauf achten, dass Gieß- und Regenwasser immer gut ablaufen können.
Bei einjährigen Kräutern aus Samen hält man sich am besten einfach an die Angaben auf den Samentütchen. Achtung bei Basilikum und Shiso: Beide sind sehr kälteempfindlich und sollten nicht vor Ende Mai im Freien ausgepflanzt werden. Sie mögen eher nährstoffreiche Erde und wollen nicht zu nass, sondern eher trocken gehalten werden.
Bei ausdauernden Pflanzen, die man in Töpfen kauft, empfiehlt sich ein kräftiger Rückschnitt vor dem Auspflanzen und auch später ein Schnitt, um kräftige, gesunde, gut verzweigte Pflanzen zu erhalten. Wenn die kalte Jahreszeit kommt, nicht winterharte Kräuter (wie Rosmarin, Zitronenverbene) zurückschneiden und in ein kühles Überwinterungsquartier stellen. Kästen mit winterharten ausdauernden Kräutern eventuell mit Jute o.Ä. einpacken, damit die Erde nicht durchfriert.

Kürbis, Zucchini (*Cucurbita pepo*) und **Feigenblattkürbis** (*Cucurbita ficifolia*)
Für sehr große Balkone/Terrassen gut geeignet, auf kleinen Balkonen bringen andere Pflanzen mehr Ertrag pro m². Achtung, es sind mind. 2 Pflanzen erforderlich. Anbaugefäße mit mind. 50 cm Durchmesser wählen. Jungpflanzen ab Mitte Mai auspflanzen, dabei 1 x 1 m pro Pflanze rechnen. Vollsonnigen Standort wählen. Regelmäßig gießen. Alle 1–2 Wochen dem Gießwasser Dünger zusetzen.
Pepo-Kürbis, Zucchini: eher kleine, runde, buschige oder schwach rankende Sorten wählen (z.B. „Rondini", „Tondo Chiara di Nizza", „Pomme d'Or" (= „Goldapfel"), „Patisson"), deren Früchte jung gegessen werden können. Schwach rankende Sorten an Rankgerüsten hochbinden oder am Balkongeländer entlangführen. Laufende Ernte der jungen Früchte bzw., wie in unserem Rezept, der Blätter.
Feigenblattkürbis: Für Balkonkultur ist zu bedenken, dass die Pflanze sehr lang rankt. Gegebenenfalls an Rankgerüsten hoch- oder am Geländer entlangführen. Die Früchte werden relativ schwer, Achtung, dass sie nicht herabstürzen (evt. Minihängematte bauen).

Löwenzahn (*Taraxacum officinale*)
Für den Anbau von Kultursorten im Frühjahr Anbaugefäße mit mind. 40 cm Tiefe wählen. Geschützte Vorkultur ab März; pikieren und ab Mitte Mai in größere Töpfe pflanzen, dabei 25 x 25 cm pro Pflanze rechnen. Mit dunklen Eimern oder tönernen Bleichglocken ca. 2 Wochen bleichen; immer wieder lüften, um Fäulnis zu verhindern.
Im Herbst kann man Löwenzahn ausgraben, die Wurzeln auf 20 cm einkürzen, in einen Topf pflanzen, die Blätter zurückschneiden (Herz nicht verletzen), einen zweiten Topf darüber stülpen und im Dunkeln an einem warmen Ort (z.B. Heizraum) austreiben lassen.
Gießen wenn notwendig. Düngen nicht notwendig. Gebleichte äußere Blätter ernten; Herz nicht verletzen, treibt nach. Nach 2–3 Ernten Bleichgefäß entfernen und Pflanzen im Licht weiter wachsen lassen, wie bei einer Treibzichorie.

Malabarspinat (*Basella alba; Basella rubra*)
Als Anbaugefäße größere Kästen oder Töpfe ab 30 cm Durchmesser und Tiefe wählen. Aussaat ab Anfang April; Jungpflanzen ab Ende Mai auspflanzen (nebeneinander im Kasten mit 30 cm Abstand). Am besten vollsonnigen Standort wählen, ob Halbschatten auch reicht, ist nicht gesichert. Regelmäßig gießen. In der Erntephase alle 3 Wochen dem Gießwasser Dünger zusetzen. Rankgerüst (ca.1,5 m hoch) zur Verfügung stellen oder an Schnüren hochziehen. Malabarspinat liebt es, nach oben zu ranken, hängen mag er nicht. Laufend beerntbar, sobald die Pflanzen entsprechend groß geworden sind. Kann auch als Zimmerpflanze gezogen werden!

Mangold (*Beta vulgaris*)
Anbaugefäße mit mind. 40 cm Tiefe (oder tiefer) wählen. Geschützte Vorkultur ab März; pikieren und ab Mitte Mai in größere Töpfe pflanzen, dabei 30 x 30 pro Pflanze rechnen.

Regelmäßig gießen. Ev. alle 3 Woche oder nach einer größeren Ernte dem Gießwasser Dünger zusetzen. Ernte ab Ende Juni. Äußere Blätter zum Verzehr entfernen; Herz nicht verletzen, treibt nach. Sorten: z.B. „Hunsrücker Schnitt", „Feurio", „Five Colors", „Schweizer", „Gelber Lyoner".

Melothria (*Zehneria scabra*)
Anbaugefäße mit mind. 30 cm Durchmesser wählen. Jungpflanzen ab Mitte Mai auspflanzen (z.B. am Rande eines größeren Kastens mit 30 cm Abstand). Vollsonnigen Standort wählen. Regelmäßig gießen. Alle 3 Wochen dem Gießwasser Dünger zusetzen. Rankgerüst (ca.1 m hoch) zur Verfügung stellen, übers Balkongeländer wachsen lassen oder an Schnüren hochziehen. Ernte ab August.

Monatserdbeere (*Fragaria vesca*)
Einfache Balkonkästen als Anbaugefäße ausreichend; gut als Randbepflanzung für größere Anbaugefäße geeignet (gute Kombination z.B. mit Spargel, siehe dort). Geschützte Vorkultur aus Samen Anfang März; pikieren und ab April in die Gefäße pflanzen, dabei 25 cm Pflanzenabstand rechnen. Oder gleich Pflanzensetzlinge kaufen. Regelmäßig gießen und hin und wieder dem Gießwasser Dünger zusetzen. Laufende Ernte ab Juni. Kann für 2 Jahre im Blumenkasten bleiben, sollte dann neu und ein wenig tiefer wieder eingepflanzt werden.

Neuseeländerspinat (*Tetragonia tetragonioides*)
Anbaugefäße mit mind. 30–40 cm Durchmesser wählen. Direktsaat ab Mitte April, lange Keimdauer. Gut feucht halten, braucht Wärme zum Keimen. Oder vorgezogene Pflanzen ab Mitte Mai auspflanzen, dabei 40 x 40 cm pro Pflanze rechnen. Zuerst langsames, später starkes Wachstum. Vollsonnigen bis halbschattigen Standort wählen. Regelmäßig gießen! Ev. alle 3 Woche oder nach einer größeren Ernte dem Gießwasser Dünger zusetzen. Laufende Ernte ab Ende Juni, dafür alle 1–2 Wochen 15 cm Triebspitzen abschneiden (alte Blätter werden hart).

Paprika, Chili (*Capsicum annuum* und weitere Arten)
Anbaugefäße mit 15–50 cm Durchmesser wählen, je nach Sorte. Glockenpaprika z.B. wächst eher ausladend und braucht größere Töpfe. Jungpflanzen ab Mitte Mai auspflanzen. Vollsonnigen Standort wählen. Regelmäßig gießen. Größere Pflanzen an Stäbe anbinden und stützen. 1 x pro Woche dem Gießwasser Dünger zusetzen. Ernte ab August.

Puffbohne, Ackerbohne, Pferdebohne, Dicke Bohne (*Vicia faba*)
Der Anbau auf dem Balkon ist unserer Erfahrung nach eher nicht Erfolg versprechend und wird daher hier nicht beschrieben. Wer es probieren möchte, sollte den Anbau sehr früh (Februar) in kühleren Lagen oder nordseitig versuchen.

Radieschen (*Raphanus sativus*)
Geht auf dem Balkon gut im Frühjahr, später wird's dort meist zu heiß; eventuell eine zweite Kultur im Spätsommer für Herbsternte. Anbaugefäße mit mind. 15 cm Tiefe und mind. 10 cm Breite wählen (z.B. einfache Blumenkästen). Aussaat ab März in Reihen in regelmäßigem Abstand von 2 cm; später auf 4–6 cm vereinzeln. Im zeitigen Frühjahr können die Kästen vor dem Auflaufen der Samen mit Vlies abgedeckt werden. Regelmäßig gießen! Düngen nicht erforderlich. Ernte erfolgt rund 1 Monat später. Für längere Ernte in mehreren Sätzen im Abstand von 1–2 Wochen anbauen.

Rote, Gelbe und Weiße Beta-Rüben (Bete) (*Beta vulgaris*)
Anbaugefäße mit mind. 20 cm Durchmesser wählen. Flachrunde und runde Sorten sind den langgezogenen vorzuziehen. Direktsaat oder geschützte Vorkultur ab März; vorgezogene Pflanzen ab Mitte Mai auspflanzen, dabei 15 x 15 cm pro Pflanze rechnen. Regelmäßig gießen! Ab Knollenbildung alle 3 Wochen Flüssigdünger geben. Nach ca. 2 Monaten kann man die ersten kleinen Rüben ernten. Ev. Mitte Mai und Mitte Juni nochmals Rüben aussäen, um die Erntezeit zu verlängern.

Scheibengurke (*Cyclanthera pedata*)
Anbaugefäße mit mind. 40 cm Durchmesser wählen. Jungpflanzen ab Mitte Mai auspflanzen (z.B. am Rande eines größeren Kastens mit 30 cm Abstand). Vollsonnigen Standort wählen. Regelmäßig gießen. Ab der Blüte wöchentlich dem Gießwasser Dünger zusetzen. Rankgerüst (mind. 2 m hoch) zur Verfügung stellen oder an Schnüren hochziehen. Ernte ab August bis zum Frost.

Schildampfer (*Rumex scutatus*)
Anbaugefäße mit mind. 20 cm Durchmesser wählen oder randlich in größere Gefäße pflanzen. Vollsonnigen Standort wählen. Anspruchslose Kultur, auch als Bodendecker unter Rosen o.Ä. geeignet. Gießen wenn notwendig. Düngen nicht notwendig. Regelmäßig durch Abbrechen der Triebspitzen beernten, Pflanzen werden sonst recht ausladend. Frosthart und ausdauernd. Pflanzenhöhe ca. 25 cm.

Schwarzwurzel (*Scorzonera hispanica*) und **Haferwurzel** (*Tragopogon porrifolius*)
Anbau nur in großen, mind. 50 cm tiefen Kästen oder Hochbeeten Erfolg versprechend. Aussaat im März; 30 cm Abstand zwischen den Reihen. Junge Pflänzchen auf 6–10 cm vereinzeln. Vollsonnigen Standort wählen. Regelmäßig gießen. Ab Juni alle 3–4 Wochen düngen. Ernte ab Oktober bis in den Winter hinein. Pflanzenhöhe ca. 80 cm.

Sommerendivie, Schnittendivie (*Cichorium endivia*)
Einfache Balkonkästen als Anbaugefäße ausreichend. Anbau Mitte März bis Mitte Juni direkt, mit Vorkultur Mitte Juni für Herbsternte. Vollsonnigen Standort wählen. Regelmäßig gießen. Düngung nicht erforderlich. Ernte nach 4–8 Wochen. Äußere Blätter ernten, Pflanzen treiben nach.

Spargel (*Asparagus officinalis*)
Grüner oder roter Grünspargel lassen sich gut in größeren Containern kultivieren (80 cm Durchmesser, 70 cm Tiefe). Die Erde mit etwas Sand vermischen. Mehrjährige Kultur; winterhart (in sehr kalten Gegenden Kübel eventuell einpacken und mit Reisig abdecken). Aussaat im März, 2–3 cm tief, Keimung dauert mehrere Wochen. Jungpflanzen vereinzeln und ab Mitte April in Containern pflanzen. Oder fertige Jungpflanzen kaufen. In 30 cm tiefe Löcher setzen, 20 x 20 cm pro Pflanze rechnen. Zur Hälfte mit Erde auffüllen. Vollsonnigen Standort wählen. Regelmäßig gießen. In den ersten Jahren im Frühjahr mit Kompost und Jauchen düngen; in den Folgejahren nach der Ernte. Die erste Ernte erfolgt nach 2–3 Jahren; danach jährlich bis zu 10 Jahre lang. Für die Ernte im Mai und Juni Spargelstangen 2 cm unter der Erde abschneiden. Später die Pflanzen auswachsen lassen, damit sie wieder Kräfte sammeln können. Pflanzenhöhe bis 1 m.
In der Kombination mit randlich gepflanzten Erdbeeren kann man zweifach ernten und hat im Sommer, wenn der Spargel grünt, blüht und mit roten Beeren fruchtet, auch einen netten Blickfang – so gesehen bei den ARCHE NOAH Mitgliedern Florian Walter und Barbara Hable.

Spargelsalat (*Lactuca sativa* var. *angustana*)
Anbau nur in größeren Trögen oder Hochbeeten empfehlenswert (Platzbedarf). Geschützte Vorkultur ab März. Vereinzeln und im April auspflanzen (30 x 30 cm pro Pflanze). Regelmäßig gießen. Düngen nicht erforderlich. Ernte der ca. 40 cm hohen, bis zu 5 cm dicken Stängel, bevor sie erste Äste oder Knospen ausbilden, denn später werden sie bitter. Zweite Aussaat im Juli, Pflanzung im Spätsommer für Herbsternte möglich. Sorten: „Roter Stern“, „Grüner Stern“, „Chinesische Keule“, „Celtuce“, „Cracoviensis“.

Stangenbohnen (*Phaseolus vulgaris*)
Als Anbaugefäße längliche Kästen wählen. Aussaat Anfang bis Mitte Mai, ca. 1 cm tief. Samen in einer Linie mit 5 cm Abstand gleichmäßig verteilen. An Schnüren oder Stangen (2 m oder mehr) hochziehen (z.B. eine Schnur um den Kasten binden und von dort weitere Schnüre wegspannen). Auch Gitter sind geeignet. Kultur gelingt meist auch im Halbschatten. Regelmäßig gießen. Düngen nicht erforderlich.

Taglilie (*Hemerocallis* spp.)
Erfahrungen mit Topfkultur sind uns nicht bekannt. Die sehr attraktiven, eher ausladenden, winterharten und ausdauernden Pflanzen in großen Kübeln anzubauen, wäre aber einen Versuch wert!

Tomate (*Lycopersicum esculentum*)
Empfehlenswert sind Buschtomaten, die nicht ausgegeizt werden müssen, kompakt wachsen und meist frühzeitig Früchte bringen. Auch der Anbau von Stabtomaten ist möglich: regelmäßig Nebentriebe entfernen und an Stäben und Schnüren in die Höhe ziehen. Anbaugefäße mit mind. 50 cm Durchmesser wählen. Jungpflanzen ab Mitte Mai auspflanzen, dabei mind. 50 x 50 cm pro Pflanze rechnen. Vollsonnigen Standort wählen. Gießen wenn erforderlich. Einmal pro Woche dem Gießwasser Dünger zusetzen. Bei Anbau in Wintergärten und anderen windstillen Orten Blüten regelmäßig schütteln, um gute Bestäubung zu gewährleisten. Ernte ab Ende Juni.

Tomatillo (*Physalis ixocarpa*)
Ausladende Wuchsform und mind. 2 Pflanzen erforderlich, um gute Befruchtung zu gewährleisten. Anbaugefäße mit

mind. 60 cm Durchmesser wählen. Jungpflanzen ab Mitte Mai auspflanzen, dabei 80 x 80 cm pro Pflanze rechnen. Vollsonnigen Standort wählen. Gießen wenn erforderlich. Ev. alle 3–4 Wochen dem Gießwasser Dünger zusetzen. Nicht ausgeizen. Mit Stäben stützen. Ernte ab August (Früchte sprengen dann meist ihre Lampions). Pflanzenhöhe ca. 1 m.

Winterheckezwiebeln (*Allium fistulosum*)
Als Anbaugefäße Kübel mit 10 l Erde wählen. Voranzucht März bis Mai; nach Abhärten im Abstand von 30 x 30 cm auspflanzen. Regelmäßig gießen. Düngen nicht erforderlich. Nutzung wie Schnittlauch oder Frühlingszwiebeln. Mehrjährige Kultur möglich, über Winter einhüllen oder abdecken.

Winterpostelein (*Montia perfoliata*)
Einfache Blumenkästen als Anbaugefäße ausreichend. Aussaat im März in Reihen von 8–10 cm Abstand. Eventuell führt auch eine Herbstaussaat im September/Oktober zum Erfolg, hier gibt es aber wenig Anbauerfahrungen. Erde am besten vor der Aussaat gießen, anschließend die Samen mit feuchtem Sand-Erde-Gemisch bedecken; dieses gut andrücken. Regelmäßig gießen. Düngen nicht erforderlich. Ernte ab 6 Wochen nach der Aussaat bis in den Mai. Blattstiele nicht zu tief abschneiden, dann treiben die Pflanzen wieder aus. Auch die Blüten sind essbar. Pflanzenhöhe 15 cm.

Yacon (*Polymnia sonchifolia*)
Keine Anbauerfahrungen im Topf bekannt. Wer es versuchen will: große, tiefe Anbaugefäße wählen (50 l). Jungpflanzen ab Mitte Mai in Kübel setzen. Anfangs regelmäßig gießen; später nach Bedarf. Eventuell im Sommer alle 2–3 Wochen dem Gießwasser Dünger zusetzen. Ernte der großen, dahlienähnlichen Knollen vor den ersten Frösten im Herbst. In kühlen, luftfeuchten Kellern einige Monate lagerbar. Der süße Geschmack entwickelt sich erst mit der Lagerung oder wenn die Knollen mehrere Tage an der Sonne liegen. Wurzelstock im Ganzen und eher trocken lagern, um Fäulnis zu vermeiden. Aus den austreibenden Sprossen kann man im Folgejahr wieder Pflanzen ziehen. Pflanzenhöhe bis 1,5 m.

Zuckerwurz (*Sium sisarum*)
Keine Anbauerfahrungen im Topf bekannt. Wer es versuchen will: Anbaugefäße sollten mind. 20 cm tief sein. Vorzucht ab März. Unbedingt auf frisches Saatgut achten, da Zuckerwurzelsamen sehr empfindlich sind. Ab April auspflanzen, dabei 25 x 30 cm pro Pflanze rechnen. Vollsonnigen oder halbschattigen Standort wählen. Gießen wenn notwendig. Düngen nicht erforderlich. Ab Einsetzen der ersten Fröste Wurzeln ernten. Zuckerwurz ist frosthart; man kann daher im Frühjahr die überdauerten Wurzelstöcke teilen und neu auspflanzen; diese Form der Vermehrung ist einfacher als über Saatgut. Blühende Pflanzen werden 1,5 m hoch.

Fachbegriffe:
ausgeizen: Nebentriebe entfernen
pikieren/vereinzeln: einzelne Pflanzen entfernen, sodass die verbleibenden genug Raum zum Wachsen haben

Ausgewählte Bezugsquellen fürs Gärtnern

Torffreie Pflanzenerden

- Viele Bau- und Gartencenter und sogar manche Supermärkte bieten sogenannte Bioerden an. Unbedingt auf torffreie Erden achten.
- Anbieter im Internet: www.naturrein-bio.at (mit Onlineshop), www.floragard.de (mit Bezugsquellen), www.frux.de, www.neudorff.de, www.oekohum.de, www.ricoter.ch.
- Fragen Sie beim Abfallverband Ihrer Gemeinde nach Gratiskompost! In Österreich wird dieser für BenutzerInnen der Biotonne immer öfter kostenlos zur Verfügung gestellt. Die Stadt Wien bietet Kompost aus biogenen Abfällen und torffreie Komposterde an, Abgabe auf allen Wiener Mistplätzen, www.wien.gv.at. Achtung: Kompost natürlich nicht pur verwenden!

Biodüngemittel und Biostärkungsmittel

- Anbieter im Internet: www.naturrein-bio.at (mit Onlineshop), www.8ung.biovin.at, www.biofurtner.com/ (mit Onlineshop), www.vermicult.at.
- Mehrere Gartencenter-Ketten bieten biologische Düngemittel und Pflanzenstärkungsmittel verschiedener Marken an.

Hochbeete

Bei Kayserholz bekommt man sehr schön gearbeitete Hochbeet-Kästen aus bayerischem Lärchenholz: www.kayserholz.at.

Biosaatgut und Biopflanzen der angeführten Arten und Sorten

- ARCHE NOAH (Erhaltungsorganisation) www.arche-noah.at
  Biosaatgut, Biogemüsepflanzen und Erdbeerpflanzen von Sortenraritäten im Versand; von Mitte April bis Mitte Oktober im ARCHE NOAH Schaugarten in Schiltern nähe Krems/Donau (dort auch Obstpflanzen); im Frühjahr auf zahlreichen Märkten von ARCHE NOAH und ihren Mitglieder in ganz Österreich, siehe Termine auf der Website
- ReinSaat (Biosaatgut-Firma und Züchtung) www.reinsaat.com
  Saatgut von Gemüse, Kräutern und Blumen aus biologischer und bio-dynamischer Züchtung, teilweise auch von Sortenraritäten, im Versand. Zahlreiche Verkaufspartner
- Dreschflegel (Biosaatgut-Firma und Erhaltungsorganisation) www.dreschflegel-saatgut.de
  Biosaatgut von Gemüse, Kräutern und Blumen, Online-Bestellmöglichkeit
- Sativa (Biosaatgut-Firma und Züchtung) www.sativa-rheinau.ch
  Saatgut von Gemüse, Kräutern und Blumen aus organisch-biologischer und biologisch-dynamischer Züchtung, Online-Katalog
- VEN (Erhaltungsorganisation) www.nutzpflanzenvielfalt.de
  Saatgut zu Erhaltungszwecken
- VERN (Erhaltungsorganisation) www.vern.de
  Saatgut zu Erhaltungszwecken
- Pro Specie Rara (Erhaltungsorganisation) www.prospecierara.ch
  Saatgut zu Erhaltungszwecken
- Ellenbergs Kartoffelvielfalt (Biosaatgut-Firma und Züchtung) www.kartoffelvielfalt.de
  Züchtung und Versand von Kartoffelraritäten
- Gartenbau Wagner (Biokräuter-Gärtnerei) www.gartenbauwagner.at
  Biokräuterpflanzen, auch viele Raritäten, im Versand
- Staudengärtnerei Gaissmayer www.gaissmayer.de
  Biokräuterpflanzen, auch viele Raritäten, im Versand
- Syringa (Biokräuter-Gärtnerei) www.syringa-pflanzen.de
  Biokräuterpflanzen, auch viele Raritäten, im Versand
- Biobaumschule Artner www.artner.biobaumschule.at
  alte Obstsorten in Bioqualität im Versand

Im ARCHE NOAH Schaugarten gewinnen wir von vielen Pflanzen Samen. Hier wurden geschnittene Samenträger in Überzüge gesteckt und eingesammelt. Bis zum Dreschen und Reinigen der Samen werden sie im Überzug zum Trocknen aufgehängt.

Beate Koller am Wiener Kutschkermarkt.

Stefan Liewehr in Aktion.

Das improvisierte Fotostudie im Pavillon des ARCHE NOAH Schaugartens.

Johann Reisinger in der Gartenküche, unterstützt von Marion Schwarz.

Nach der Arbeit beim Essen und Genießen im Garten.

Stefan Liewehr und Johann Reisinger.

Zu den Personen und zur ARCHE NOAH

Die Autorin

Beate Koller, geb. 1972, Diplom-Biologin. Seit 2000 Geschäftsführerin der ARCHE NOAH.

Die ARCHE NOAH, vor 20 Jahren gegründet, ist ein privater, gemeinnütziger Verein mit den Zielen der Erhaltung, Verbreitung und Entwicklung der Kulturpflanzenvielfalt und zählt heute über 8000 Mitglieder im In- und Ausland. Vor dem Hintergrund, dass in nur 100 Jahren bereits 75 Prozent der einstmals vorhandenen Vielfalt an Nutzpflanzen verloren gegangen ist, setzt sich die ARCHE NOAH die Erhaltung einer der größten privaten Gemüsesammlungen Europas zum Ziel.

Durch Zusammenarbeit mit hunderten engagierten ErhalterInnen, Kooperationen mit Biobetrieben, Baumschulen und Gärtnereien sollen Saatgut, Pflanzen und Lebensmittel aus gefährdeten Sorten wieder verfügbar gemacht und die Vielfalt so lebendig erhalten werden – ganz nach dem Motto „Erhaltung durch Nutzung". Die Öffentlichkeits- und Bildungsarbeit nimmt heute einen wichtigen Teil der Arbeit ein. Auch im ARCHE NOAH Schaugarten in Schiltern bei Langenlois (NÖ), dem jährlichen Treffpunkt tausender pflanzenbegeisterter Menschen, wird Kulturpflanzenvielfalt mit allen Sinnen erlebbar.

Kontakt:
ARCHE NOAH,
Obere Straße 40, A-3553 Schiltern,
T +43-(0)2734-8626, F -8627,
info@arche-noah.at,
www.arche-noah.at

Der Koch

Johann Reisinger ist der Individualist unter den Köchen – kreativ, ausdrucksstark, charismatisch, natürlich und unverfälscht.

Er hat sich mit diesem Stil einen Namen gemacht, der längst weit über das Kochen hinausgeht: Er ist selbstständiger Koch, Fachbuchautor, Foodstylist, Kreator für feine, individuelle Events und unterrichtet an der HLF-Schule in Wien. Zu seinem „New Green"-Netzwerk gehören u.a. die renommierten „Schönbrunner Seminare", in deren Rahmen er sich dem Themenkreis der Gemüsevielfalt widmet (www.johann-reisinger.at), das futurefoodstudio von Hanni Rützler (www.futurefoodstudio.at), in dem er die neuesten grünen Trends vermittelt, sowie die langjährige Kooperation mit der ARCHE NOAH, mit der er sich der Verbreitung und Erhaltung der Kulturpflanzenvielfalt verschrieben hat. Dieses Ziel verfolgt er auch als Mitglied der österreichischen Arche Kommission, die Produkte zur Aufnahme in die internationale „Arche des Geschmacks" nominiert.

Mit der ARCHE NOAH teilt Johann Reisinger einen Grundgedanken seines Kochens: Nur wer die Entstehungsgeschichte eines Lebensmittels versteht, kann es authentisch verarbeiten und Natur und Genuss verbinden. Johann Reisinger hat aus dieser Verbindung eine Kunst gemacht – sie wird vielleicht wie keine andere die Verbindung der Zukunft sein.

www.johann-reisinger.at

Der Fotograf

Stefan Liewehr fotografiert seit knapp mehr als 25 Jahren Food und alles, was damit zusammenhängt.

Sein Credo: Man kann nur gut machen, was man gerne macht. Und er liebt dieses Metier. Er hat nicht nur mit allen bedeutenden Köchen Österreichs in seinem Studio zusammengearbeitet, er sticht auch mit französischen Fischern in See oder steht bis zum Bauchnabel im Meer, um die Arbeit der Austernzüchter zu dokumentieren. Oder er spürt selteneн Obst -oder Gemüsesorten nach, wie in diesem Buch.

Er respektiert die Arbeit kompetenter Köche und strebt danach, alle seine Motive im rechten Licht zum Bild zu machen. Das natürliche Licht oder das inszenierte Licht sind seine Leidenschaft. Die eindimensionale Abbildung einer Speise in der Vorstellung des Betrachters zu einem dreidimensionalen Vergnügen zu machen ist sein Ziel. Er lehnt Tricks und Mogeleien bei der Bildbearbeitung ab. Er steht für ehrliche Aufnahmen, die durch ihre Simplizität bestechen.

www.stefanfotografiert.com

Rezeptregister

Glossar

abbrennen
: 1) überschüssige Flüssigkeit aus Teigen oder anderem Gargut unter ständigem Rühren ausdampfen lassen
  2) ähnlich wie „abschmalzen" verwendet

ablöschen
: Röstprozesse durch das Hinzufügen von Flüssigkeit unterbrechen oder beenden; dient oftmals dazu, Bratensatz aufzulösen

abschmalzen
: Speisen mit gebräuntem Fett (Butter oder Schmalz) übergießen oder in ihm schwenken; auch „abschmälzen" genannt

anschwitzen
: in Fett langsam erhitzen

aufgießen
: Flüssigkeit hinzufügen

Kahm
: Schaum, der sich bei Fermentierungsprozessen bildet

Polenta
: Maisgrieß

Sterz
: dicker, bröckeliger, mehr oder minder angebratener Brei

stocken lassen
: fest werden lassen

Turopolje-Schwein
: alte Schweinerasse

untergießen
: Flüssigkeit zwischen oder unter Gargut gießen

Wollschwein
: alte Schweinerasse; auch Mangalitza-Schwein genannt

ziehen lassen
: 1) ruhen lassen
  2) in Flüssigkeit garen, die kurz vor dem Siedepunkt ist

Dank

Wir danken Marion Schwarz für ihre perfekte organisatorische Unterstützung und Judith Schindlecker für ihre Mithilfe, Katharina Freus, Barbara Ster und Christoph Pallinger für Foto-Assistenz und Bildbearbeitung; Peter Zipser für fachliche Beratung, Else Rieger für das sorgfältige Lektorat, Elisabeth Hölzl vom Christian Brandstätter Verlag für die gute und intensive Betreuung des Projektes, allen ARCHE NOAH MitarbeiterInnen, Mitgliedern, ErhalterInnen und PartnerInnen, die Rezeptideen eingebracht oder Produkte für das Buch zu Verfügung gestellt haben, sowie allen, die wir fotografieren durften.

Kulinarische Region
Steirisches Vulkanland

Das Steirische Vulkanland ist sich für Massenproduktion zu schade, was hier wächst und entsteht, hat Wert. Dieses Motto prägt die Kulinarische Region im Südosten Österreichs seit Anbeginn ihrer Entwicklung. Als Region der kulinarischen Vielfalt sieht sich das ehemals hoffnungslose Grenzland. Heute ist das Steirische Vulkanland eine Zukunftsregion, in der die Menschen wieder Verantwortung für ihren Lebensraum übernehmen. Sie ist Speerspitze einer neuen nachhaltigen Genusskultur, in der nicht mehr nur der Preis entscheidet, sondern die Herkunft, aber auch die Produktions- und Bewirtschaftungsweise. Die Beschäftigung mit der Tradition und die Offenheit gegenüber Innovationen schafft ein Milieu der Vielfalt - auch im Hinblick auf neue Ackerfrüchte.

Gentechnikfreies Vulkanland

Der Vulkanismus bildet das Fundament dieser blühenden Region. Dabei hat sich das Vulkanland ganz bewusst das Ziel der Gentechnikfreiheit gesetzt. Der Verzicht auf Gentechnik ist Teil des Selbstverständnisses des Steirischen Vulkanlandes. Die Vielfalt am Acker, im Keller und im Stall braucht ein klares Bekenntnis zu ganzheitlicher Qualität und zur Nachhaltigkeit. Auf den Spuren der Vulkane lässt sich die hervorragende Kulinarik auf abwechslungsreichen Wanderungen und Exkursionen erkunden.

INFORMATION: Steirisches Vulkanland, Tel. 03152/8380-11 bzw. www.vulkanland.at

Impressum

Bibliografische Information der Deutschen Nationalbibliothek
Die Deutsche Nationalbibliothek verzeichnet diese Publikation in der Deutschen Nationalbibliografie; detaillierte bibliografische Daten sind im Internet über http://dnb.d-nb.de abrufbar.

1. Auflage

Texte: Beate Koller
Rezepte: Johann Reisinger, www.johann-reisinger.at
Foodstyling: Johann Reisinger
Fotos: Stefan Liewehr, www.stefanfotografiert.com
Grafische Gestaltung: Fuhrer, Wien
Lektorat: Else Rieger
Gesamtherstellung: Grasl Druck & Neue Medien, Bad Vöslau

ISBN 978-3-85033-398-6

Christian Brandstätter Verlag
GmbH & Co KG
A-1080 Wien, Wickenburggasse 26
Telefon (+43-1) 512 15 43-0
Telefax (+43-1) 512 15 43-231
E-Mail: info@cbv.at
www.cbv.at

Dieses Produkt entspricht dem Österreichischen Umweltzeichen für schadstoffarme Druckprodukte (UZ 24), www.fairprint.at
Grasl Druck & Neue Medien, Bad Vöslau, UW-Nr. 715

CLIMATEAUSTRIA Klimaneutral gedruckt

FSC MIX Papier aus verantwortungsvollen Quellen FSC® C011912

Mit freundlicher Unterstützung der Agrarmarkt Austria.

Schnittknoblauchblüte im
ARCHE NOAH Schaugarten.